가치 있는 삶의 첫 걸음

대학생을 위한
성서에서 배우는 인성

허윤기

KB193096

가치 있는 삶의 첫 걸음
대학생을 위한
성서에서 배우는 인성

초판 1쇄 인쇄 2025년 02월 10일
초판 1쇄 발행 2025년 02월 20일

지은이 허윤기
펴낸이 백유창
펴낸곳 도서출판 세움과비움
유 통 도서출판 더 테라스

신고번호 제2016-000191호
주 소 서울 마포구 양화로길 73 체리스빌딩 6층
Tel. 070-8862-5683
Fax. 02-6442-0423
E.mail seumbium@naver.com

ISBN 979-11-988250-0-1(13200)

값 14,000원

도서출판 세움과비움은 도서출판 더 테라스의 기독교 , 문학 브랜드입니다.

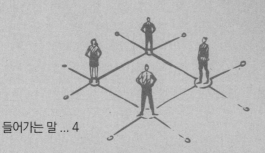

들어가는 말 ... 4

들어가는 말

학부 때부터 대학 수업을 듣는 것에는 익숙했지만, 막상 강단에 서서 강의를 한다는 것은 두려움과 기대감이 복잡하게 교차하는 지점들의 연속이었다. 담당 과목은 성서를 기반으로 한 인성과 삶, 그리고 현대인의 삶에 대한 다양한 내용을 다루었다. 정신없이 시작한 강의는 정신을 차리기도 전에 종강을 맞았다. 종강 후, 내 수업에 대한 학생들의 평가 점수가 공개되었다. 점수는 5.0 만점에 4.86이었다. 이후 나는 수업평가 우수 교원에 선정되었다. 수업평가 우수 교원 선정 이후, 내 강좌의 수강 신청은 일찍 마감되었다. 이후 수업평가 우수 교원에 총 5번이나 더 선정되었고, 내 수상 소식은 학교에 퍼졌다. 내 강의 노하우와 자료를 요청하는 교수님들이 생겼다.

강의 시작 2년 후, 한남대학교 교수학습지원센터에서 개최한 "수업평가 우수 교원에게 듣는 강의 노하우"에서 발표하며 내 강의의 PPT 파일을 공유했다. 그런데 문제가 생겼다. 내가 공유한 자료에는 스크립트가 없었기 때문이다. 왜냐하면 그 스크립트는 모두 내 머릿속에만 있기 때문이다. 몇 년 후, 코로나로 인해 수업이 온라인으로 대체되었다. 그래서 나는 매주 대전시청자미디어센터 1인 미디어 제작실에서 한 학기 강의 전체를 녹화했다. 그래서 내 강의의 스크립트를 요청하는 분들에게 동영상 강의 링크로 대신했다.

강의를 시작하면서 교양 과목(Artes Liberales)을 담당하는 교수자들의 고충을 이해할 수 있었다. 지식을 전달하는 것에 그치지 않고, 교수자의 성품까지도 학생들이 지켜본다는 것은 무엇보다 부담스러운 일이 아닐 수 없기 때문이다. 뿐만 아니라 '성서'와 '인성'이라는 과목의 이름에 부끄럽지 않은 교수자가 되기 위해 모든 강의에 최선을 다하려고 노력했다. 필자가 "교수자"로 표현하는 것은 "교수하는 역할의 사람"임을 강조하고 싶기 때문이다. 그래서 오리엔테이션 때 학생들에게 "교수자"와 "수강자"의 역할에 충실하기 위해 노력하자고 말한다.

2024년 1학기가 마무리되어 갈 즈음, "세움과비움"의 백유창 대표님으로부터 한 통의 전화를 받았다. "대학생을 위한 인성 교재"와 "하나님의 인성 수업"의 원고를 맡아달라는 것이었다. 나는 저자를 잘못 선택하신 것 같다며 거절했다. 하지만 대표님을 직접 만나 뵙고, 부족한 사람에게 주신 기회에 감사하는 마음으로 집필을 시작했다. "교재"로 활용하기 위해 필자가 강의 중 중요하게 여기는 부분들을 최대한 정리하는 것에 집중했다.

필자는 아직도 부족함을 마음에 담아두고 산다. 겸손이 아니라 정말 부족하기 때문이다. 수사학에서 사람을 설득하기 위해 사용하는 세 가지 기술 – 에토스, 파토스, 로고스 – 중에서 필자는 에토스와 파토스에 무게를 둔다. 똑똑하지 못하지만 최선을 다하고, 학생들의 어려움과 필요에 관심을 갖고 강의를 준비하기 위해 노력하고 있다. 끝으로, 대학 강의실에서 교수자의 진심이 학생들과 공감할 수 있다면... 그렇다면, 강의실은 정말 아름다운 곳이 될 수 있지 않을까?

대학이 "건강한 민주시민과 지성인 양성"의 진정한 아카데미아로 완성되는 소망을 품으며...

2025년 1월
부족한 교수자, 허윤기

1강 대학 신입생의 의무와 과제

대학 신입생의 의무와 과제
너의 이름값

1강

들어가는 말

대학으로부터 합격 통지서를 받는 기쁨과 기대는 누구에게나 소중한 순간일 것이다. 그렇게 입학한 대학에서의 첫 수업은 언제나 기대와 설렘으로 가득하다. 왜냐하면 유치원부터 시작해 초등학교, 중학교, 고등학교를 다니는 학생들의 대부분은 대학입학이라는 목표를 삼았기 때문이다. 그런데 요즘 학교는 어떤지 모르지만, 보통의 학교는 학생들의 이름보다는 번호를 부르는 경우가 많았다. 특히 그 번호는 이름의 "가나다 순"이거나, 혹은 키 작은 순서대로 하는 경우가 대부분이었다. 대학의 경우도 대부분 이름과 함께 학번을 부여한다. 하지만 이 학번은 같은 강의실에 같은 이름의 학생이 있지 않는 한, 학번으로 불리는 일은 거의 일어나지 않는다. 다시 말하면 대학에서는 학생의 이름으로 출석을 확인하는 일이 대부분이다(최근에는 전자출결로 변경되어 강의실의 비콘과의 통신으로 학생들의 출결이 자동으로 진행된다). 굳이 이름을 강조하는 이유는 한 가지다. 조부모님이나, 부모님께서 이름을 지으실 때에는 그 이름의 의미대로 살아가길 바라는 마음이었을 것이다. 그러므로, 대학생은 자신의 이름에 대한 값을 해내야만 한다.

대학에 입학한 신입생들에게 대학은 어떤 의미가 되어야 할까? 대부분은 대학 졸업 후 취업을 목표로 할 것이다. 그런데 만약 대학의 가장 중요한 목적이 취업이라면 굳이 4년이라는 시간 동안 비싼 등록금을 내고 학교를 다녀야 할 이유가 있을까? 전문대학교나, 혹은 실업계 고등학교를 졸업하고 더 빨리 취업을 할 수 있을 것이다. 물론 실업계 고등학교나 전문대학교 보다는 4년제 대학을 졸업해야 더 좋은 직장에 정규직으로 취업할 가능성이 많다고 생각할 것이다. 그러나 현실은 상상과는 다른 경우가 많다. 대학 교육의 목적은 취업에만 있는 것은 아니기 때문이다. 대학교육은 학문적 지식과 함께 비판적 사고능력을 개발하여 책임감 있는 사회 구성원이 되는 것을 목적으로 해야 한다. 이를 위해 자신의 전공에 대한 바른 지식을 연마하는데 최선을 다해야 할 것이다. 뿐만 아니라 대학에서의 교육은 단순한 지식 전달에 국한된 것이 아니라 학생들 스스로 문제에 대한 비판적인 사고를 통해 판단을 내릴 수 있는 능력을 갖도록 노력해야 한다. 또한 대학은 이런 과정을 통해 긍정적인 영향력을 끼치는 사람이 되도록 양성하는데 기여해야 할 것이다.

대학교육의 또 다른 측면은 '건강한 민주시민 양성'이다. 이것은 민주주의 사회에서 매우 중요한 역할을 한다. 건강한 민주시민은 단순하게 법을 지키는 것을 넘어서 비판적 사고를 할 수 있어야 한다. 또한 자신과 다른 의견에 대해 열린 사고를 통해 다양한 사고를 가진 사람들과 소통하며 협력해야 한다. 소통과 협력의 능력은 나와 다른 사람을 이해하는 중요한 능력이다. 또한 윤리적 가치와 책임감을 통해 공정성과 정의, 인권에 대한 가치를 이해하고 실천해야 한다. 그러므로 대학은 세상을 바라보는 시각과 함께 자아실현을 위한 도전의 장소가 되어야 하며, 이를 통해 학생들은 민주사회의 적극적인 구성원으로서의 역할을 통해 건강한 민주시민이 되어야 할 것이다.

이를 정리해 보면 대학교육은 전공 지식의 학습과 전달, 그리고 비판적 사고와 분석의 능력을 개발해야 한다. 또한 대학은 고교와 달리 다양한 지역의 학생들을 만날 수 있기 때문에 문화적 이해와 다양성에 대한 존중을 고민해야 한다. 이를 위해 다양한 조별활동과 개인발표를 통해 전공에 대한 지식과 다른 학생들과의 협업을 통해 효과적인 소통과 협력을 익혀야 한다.

이제 본격적인 대학생활에 대해서 알아보자. 대학교는 고등학교와는 많은 부분에서 차이가 있기 때문에 학기 초에 많은 노력이 필요하다. 캠퍼스의 건물들의 배치와 학과 사무실의 위치를 확인해야 한다. 특히 학과 사무실을 주기적으로 찾아 수강신청이나 교수님들에 대한 정보를 접할 필요가 있다. 그렇다면 대학 신입생이 고려해야 할 부분들을 자세히 살펴보자.

첫째, 대학생활은 이전과는 다르게 학생 스스로의 역할에 대한 비중이 크게 된다. 고교와 달리 대학교는 스스로의 판단과 결정에 대해 아무도 책임져 주지 않는다. 너무 각박하게 들릴지 모르겠지만 대학은 생각보다 냉정하다. 물론 일부 교수님들은 결석이 잦은 학생에 대해 연락을 하는 경우도 있지만 이것은 교수의 의무의 영역에 있지 않는 경우가 많다. 교수는 강의실에 있는 학생들에게 강의에 충실할 의무가 있을 뿐, 학생들의 생활에 대한 부분까지 안내하기란 쉽지 않다. 이것은 교수의 방관이 아니라 성인이 된 대학생의 의무를 강조하는 것이다. 또한 대학생활에 적응하기 위해 학기 초에 캠퍼스 환경이나 전공과 관련된 선배들과의 교류, 그리고 학과 동기생들과 많은 교류를 가질 것을 추천한다.

둘째, 대학에서 학업에 대한 집중은 무엇보다 중요하다. 비싼 대학 수업료의 가치를 스스로 찾아가야 하기 때문이다. 교과에 대한 충실한 참여와 교수와의 긴밀한 소통은 무엇보다 중요하다. 또한 고교와 달리 다양한 지역에서 온 학생들로 인한 문화 충격도 겪을 수 있다. 그러므로 수업을 듣는 학생들과 친밀한 교류는 대학생활에 적응하는데 무엇보다 중요한 요소가 될 것이다.

셋째, 동아리 활동은 '대학의 꽃'이라고도 한다. 그러므로 전공과 관련되거나, 혹은 그렇지 않더라도 자신의 취미를 확장할 수 있는 동아리 활동도 추천하고 싶다. 동아리를 통해 다양한 학과의 선후배, 친구들을 만날 수 있으며 대학생활에 적응하는데 많은 도움을 받을 수 있다. 다만 동아리 활동에 너무 많은 비중을 두는 것은 조심스러운 부분이다.

넷째, 교무처, 학생지원처, 도서관, 상담센터 등 학교의 부서 및 기관의 위치를 살펴볼 필요가 있다. 위에서 언급한 바와 같이 대학은 학생 스스로 문제를 해결해야 하는 경우가 많다. 학교의 다양한 기관들의 위치를 확인하여 문제가 발생하였을 경우 해당 기관을 찾아가 도움을 요청하거나 문제 해결에 대한 도움을 얻을 수 있다.

다섯째, 대학에 갓 입학한 신입생들에게 술과 담배, 그리고 족보를 전해주겠다는 선배가 있다면 어떻게 할까? 꼰대 같은 소리긴 하지만, 그런 선배라면 조금 거리를 둘 것을 권한다. 고등학교 3년 동안 열심히 공부해서 대학에 왔으니 데이트도 하고, 놀고 싶은 마음을 멀리하기 어려울 것이다. 대학 4년은 신입생에게 주어진 가장 황금 같은 시간이다. 그 시간을 낭비한다면 졸업 이후의 삶은 생각보다 행복하지 못할 수 있다. 대학에 와서 가장 중요한 것은 바로 자신의 꿈을 향한 도전이다. 내가 무엇을 좋아하는지, 어떤 것을 할 때 행복한지를 발견하고, 그것을 위해 끊임없이 도전하는 삶, 그 삶의 열매는 풍성할 것이다.

다음의 글은 1993년에 한남대학교 영문학과를 졸업한 후, 대한항공 기장을 거쳐 현재 아랍에미리트 항공사에서 보잉777기장으로 계신 정인웅 기장님께서 후배들을 위해 기쁜 마음으로 보내주신 글이다. 이 글을 통해 대학 4년을 어떻게 살아낼 것인가를 고민하는 것에 그치지 말고, 자신의 꿈을 위해 포기하지 않는 열정과 도전을 통해 꼭 멋진 꿈들을 이룰 수 있길 간절히 소망한다. 끝으로 이 귀한 글을 보내주신 정인웅 기장님께 다시 한 번 감사드린다.

삶

대학 신입생을 위한 한 선배의 이야기

정인웅

1993년 한남대학교 영문과 졸업

대학 영자 신문사 편집장

공군 수송기 조종사 예비역소령

에세이 "어쩌다 파일럿"의 저자

대한항공을 거쳐 현재 에미레이트 항공에서 보잉 777기장

이제 중년에 접어든 제게도 삶은 여전히 어렵습니다. 20대 때는 '30대가 되면 달라지겠지'라고 생각했어요. 그런데 50을 넘어 곧 60을 바라보는 지금까지도 기대와는 달리 삶은 여전히 어렵습니다. 20대 때는 20대의 문제로, 30대 때는 30대의 문제로 늘 고민하고 아파했습니다. 그게 삶이에요. 종종 우리 삶은 이유도 없이 불안하고 외롭습니다. 그래서 저는 이렇게 얘기하고 싶어요. 지금 이 순간 내가 할 수 있는 가장 최선의 일을 찾는 것에 집중하자. 그리고 기도하자. '나로 알게 하소서!' 늘 오늘을 어떻게 살지에 집중하세요. 지금 이 순간에 변화하지 못하면, 지금 이 순간에 노력해 내 속에 뭔가를 바꾸지 않으면 미래는 변하지 않아요. 대부분 기도의 응답은 방향이지 바로 능력을 주시는 것이 아닙니다. '하나님이 어떻게든 해주시겠지'라고 생각한다면 그 인생은 딱 가지고 태어난 만큼만 성취할 겁니다.

게으름의 끝은 조기사망입니다. 일찍 데려가십니다. 이건 예외가 없어요. 무엇을 해야 할 것도 있지만 하지 말아야 할 것도 동일하게 중요합니다. 미래에 먹고 사는 문제에 대해 고민하고 싶진 않잖아요. 과한 음주와 담배 그리고 게임을 당장 끊으세요. 여러분을 가난하게 만듭니다. 자기를 오래오래 미워하게 만들어요. 마약과 다르지 않아요. 그리고 영어 회화를 공부하세요. 점수가 아닌 입으로 말할 수 있는 회화를 늘리세요. 회화를 잘하는 사

람에게 머리를 숙이고 비결을 물으셔야 합니다. 회화를 잘하는 사람들에게 세상은 기회를 주고 싶어 늘 안달합니다. 제 경우 그곳이 군이든 직장이던 똑같았어요. 영어회화 잘하는 토박이 한국사람 많지 않거든요. 그리고 가장 중요한 비밀을 알려드릴게요. 나 자신이 좋은 사람이 되어야 합니다. 단정하고 말을 조리 있게 하고 타인을 배려하고 어른을 공경하는 사람이 되세요. 뻔한 이야기라고요? 아닙니다. 이게 제 성공의 비밀이에요.

전 아무 배경도 없던 가난한 대학생이었습니다. 능력이 좋은 사람들에게 세상은 살기 쉬운 곳일지 모르겠어요. 하지만 평범한 사람들이 성공이라는 것을 하기 위해선 능력과 더불어 엄청난 노력과 함께 맑은 눈이 있어야 합니다. 어른들은 이런 젊은이들에게 푹 빠진답니다. 결국 나를 선택하고 기회를 주는 이들은 어른들입니다. 꼰대라고 불리는 이들이 결국 여러분의 삶의 방향을 결정합니다. 삶의 바다에서 여러분은 단지 시도를 하는 것이고 결국 기회를 주는 건 어른들입니다.

끝으로, 성실하세요. 옷을 바로 입고 고운 말을 쓰고 늘 나아지려 노력하세요. 여러분이 앞으로 무엇을 하든지 그 일이 가능할지는 오늘 제가 공개한 이 비밀에 달려있습니다. 세상 사람들이 성공했다고 말하는 제가 은퇴를 앞두고 고민하는 것은 어떻게 하면 돈을 더 벌 수 있을까 하는 일이 아닙니다. 제가 이 세상을 떠나는 날 웃을 수 있도록 어떻게 남은 시간을 써야 할까를 두고 늘 고민합니다. 돈으로부터 자유로워지세요. 그래야만 여러분은 더 큰 가치를 고민할 수 있습니다. 그러려면 성공하세요. 그러고 나서 제 나이에 저처럼 어떻게 살지 다시 고민하세요.

에미레이트 항공 정인웅 기장

"나의 이름의 의미는 무엇일까?"

오리엔테이션 때 자기 소개를 한 명씩 돌아가면서 하는 것은 중요한 의미가 있다. 분명 자신을 소개했는데 출석부에 이름이 없다면 분명 강의실을 잘못 찾아온 경우일 것이다. 그런데 강의실을 잘못 찾은 학생을 발견하는 것 외에 더 중요한 의미를 담는 "자기 소개"의 의미가 있다. 지금 소개할 방식은 인터넷에 떠도는 자료 중 하나로, 제목은 "조선시대 식으로 이름 짓기"다. 방법은 간단하다. 자신이 태어난 "월"과 "일"을 대조표에 맞춰 대입하기만 하면 된다.

달	이름	달	이름	달	이름
1월	웅	6월	육	11월	개
2월	쇠	7월	칠	12월	순
3월	돌	8월	쌍		
4월	만	9월	삼		
5월	용	10월	언		

일	이름	일	이름	일	이름
1	식	11	돌	21	손
2	구	12	복	22	룡
3	삼	13	단	23	방
4	석	14	냥	24	득
5	놈	15	똥	25	국
6	년	16	갑	26	포
7	꽃	17	숙	27	래
8	돌	18	단	28	걸
9	민	19	창	29	양
10	것	20	박	30	정
				31	습

(가령 "김"씨 성을 가진 학생의 생일이 8월 18일이라면 "김쌍단")

진행 방식

1. 표를 PPT로 만들어 화면에 띄워준 후 출석부의 이름 순서대로 한 명씩 호명하며 발표시킨다.

2. 교수자는 강단 앞 칠판에 학생들의 조선시대식 이름을 하나씩 기록해야 한다.

3. 모든 학생들의 발표가 끝나면 교수자는 "충격적인 이름", 혹은 "아름다운 이름"에 대한 의견을 수렴한다.

발표를 마친 후

1. "슬픔의 땅, 제주도 이야기"

1947년 3월 1일부터 1954년 9월 21일까지 7년이 넘는 기간 동안 제주도에서 일어난 사건이 있다. 바로 제주 4.3.사건이다. 시작은 1947년 3월 1일, 3.1기념 행사에서 기마경찰의 말에 어린아이가 다치게 된다. 주변의 군중들은 경찰에 항의하자 경찰은 항의하는 군중을 향해 발포하게 되어 6명이 사망하고 6명이 중상을 입게 된다.

당시 제주도는 해방이후 급격한 인구의 변동과 생필품 부족, 그리고 전염병으로 인해 불안정한 상태였다. 이후 1948년 4월 3일 새벽, 남로당 무장대 350명이 경찰서를 습격하자 경찰과 서북청년회 등 우익단체는 강력하게 대응하며 혼란에 빠지게 된다. 사태가 악화되지 미군정은 강경진압을 하며 초토화 작전까지 감행했다. 중간산 지역의 마을은 불타고, 수많은 무고한 주민들이 희생되었다. 이러한 초토화 작전은 섬 전체를 파괴하며 제주도민의 삶을 송두리째 파괴했다.

2. "아이를 살리기 위해 만든 이름"

제주도 출신의 지인에게 들은 4.3사건 중 가장 슬픈 일은 아이들의 이름을 짓는 방식이었다. 가령 '철수'라는 이름을 가진 사람이 반란군에 있다는 것이 확인되면 '철수'라는 이름을 가진 모든 사람을 처형했다는 것이다. 그렇다보니 부모님들은 아이들을 살리기 위해 상상할 수 없는 정도의 충격적인 이름으로 짓기 시작했다는 것이다.

3. 진정한 내 이름의 값

대부분의 학생들은 자신의 이름을 한자로 기록해 보라면 모르는 경우가 많다. 다시 말하면 자신의 이름의 의미가 무엇인지 모르는 경우도 많다는 것이다. 대학에서 학번으로 불리지 않고 이름으로 불리는 것은 분명 의미가 있다. 그것은 바로 "자신의 이름 값을 해야 한다"는 것이다.

고민해 봅시다

1. 대학에 오면서 품은 꿈이나 목표가 있다면 무엇인가?

_____

_____

_____

2. 나는 "내 이름의 값"을 증명하기 위해 어떤 목표를 세우면 좋을까?

_____

_____

_____

2강 선교사들의 모습에서 배우는
나눔과 섬김의 이야기

2강

선교사들의 모습에서 배우는
나눔과 섬김의 이야기

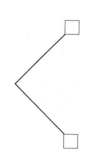

일제 강점기 시절 한국문화와 기독교 선교에 대한 이야기

이번 강의는 '한국 문화와 기독교'를 주제로 다룬다. 당시 선교사들이 조선에 와서 학교와 병원을 세우고, YMCA와 같은 새로운 문화를 보급한 일과, 일제 강점기 시절 독립운동에 도움을 준 사례들을 중심으로 살펴볼 것이다. 대부분 기독교를 떠올리면 '예수 천당, 불신 지옥' 또는 죽어서 천국에 간다는 '내세 천국'을 생각한다. 이는 죽어서 가는 천국에 대한 관심에서 비롯된 것이다. 그러나 이러한 구호로 인해 기독교가 마치 '현실을 도피'하는 종교처럼 오해를 받기도 한다. 왜냐하면 죽어서 가는 천국에 대한 강조처럼 보이기 때문이다. 하지만 기독교가 정말 현실에서 도피하는 종교였을까? 그렇지 않다. 선교사들이 조선에 들어와 가장 먼저 한 일은 교육과 의료였다.

아펜젤러와 배재대학교

아펜젤러와 배재대학교를 아는가? 배재대학교는 대전에 있는 기독교 대학으로, 아펜젤러가 세운 대학이다. 그는 미국 출신의 감리교 선교사로, 조선의 교육 방법 개선을 위해 노력한 분이다. 당시에는 배재학당으로 불렸다. 그렇다면 배재학당은 어떤 의미가 담긴 이름일까?

배재학당은 '유능한 인재를 기르는 학교'라는 의미를 담고 있다. 이 학교의 이름은 아펜젤러 선교사가 학교를 세우고자 할 때 고종황제께서 교육이 조선을 살리는 중요한 것임을 알기에 직접 교명을 지어주셨다. 이렇게 설립된 배재학당에서 공부한 이들을 중심으로 협성회가 만들어졌다. 협성회는 민주주의 확립과 독립 정신을 고취하는 중요한 역할을 했다. 이 협성회를 통해 서재필, 윤치호와 같은 인물들이 배출되었으며, 그들로 인해 조선에서 독립과 민주주의 가치가 확산되기 시작했다.

개혁의 실패, 갑오경장

일본 역시 조선의 변화를 그대로 두지 않았다. 1894년(고종 31년)에 시행된 갑오경장은 일본군의 비호 아래 진행되어 대중의 참여를 이끌어내지는 못했지만, 개혁의 내용만을 보면 문물제도를 근대적으로 개편하고, 문벌과 신분 계급을 타파하려는 노력과 조혼을 금지하는 등의 조치가 포함되어 있었다. 그러나 이 개혁은 일본에 의해 강제된 것이었기에 변화에는 한계가 있었다.

언더우드와 연세대학교

연세대학교는 다들 알고 있을 것이다. 그렇다면 연세대학교를 누가 설립했는지 아는가? 바로 언더우드 선교사다. 아펜젤러는 감리교 선교사였고, 언더우드는 런던 출신의 장로교 선교사였다. 언더우드는 경신학교 대학부를 설립했는데, 이것이 바로 연세대학교의 전신이다. 한국전쟁이 일어나자 언더우드 선교사는 일본으로 피난을 갔고, 전쟁이 끝나면 곧바로 한국으로 돌아오려 했다. 그만큼 그는 조선을 깊이 사랑했던 것으로 보인다.

스크랜튼 선교사와 이화여자대학교

스크랜튼 선교사는 1885년에 조선에 온 미국 북감리교 소속의 선교사였다. 그는 1886년에 조선인들을 대상으로 영어 통역사 교육을 시작했으며, 이때 영어를 배운 사람들이 개화기에 외국인 통역사로 활동하게 되었다. 스크랜튼 선교사는 그는 1904년에 중학교를 설립하고, 4년 뒤인 1908년에 여자고등학교를 세웠는데, 이것이 바로 이화여고다. 이후 1910년에는 현재의 이화여자대학교를 설립했다. 이렇게 세워진 이화학당을 통해 독립운동가 유관순 열사와 우리나라 최초의 여성 의사 박에스더가 배출되었다. 당시 여성의 교육 기회가 많지 않았지만, 스크랜튼 선교사의 헌신 덕분에 여성들을 위한 고등교육 기관이 설립될 수 있었다.

스크랜튼과 보구여관(현, 이화여자대학교 병원)

선교사들은 조선인들에게 교육의 기회를 제공할 뿐 아니라 의료에도 관심을 기울여 진료소를 세우게 되었다. 이화여학교를 설립한 스크랜튼 선교사의 남편, 윌리엄 스크랜튼은 미국 북감리교 소속의 의료 선교사였다. 그는 1878년 예일대학교를 졸업하고, 1882년 뉴욕의대를 졸업했다. 1885년 9월 10일 정동에 민간의료소를 설립하고, 1886년에 시병원을, 1887년에는 현재 이화여대 부속병원인 부인 전문병원 '보구여관'을 세웠다. 당시 평민층, 특히 여성들은 병원의 진료 혜택을 받기 어려웠다.

윌리엄 스크랜튼은 이러한 여성들을 위해 '보구여관'이라는 전문병원을 설립했다. 아내 스크랜튼은 이화여학교와 영어 교육에 헌신했고, 남편 스크랜튼은 정동 민간의료소, 시병원, 그리고 여성들을 위한 전문 병원인 '보구여관'을 세워 조선인들을 위해 힘썼다. 이처럼 선교사들은 당시 보호와 혜택을 받기 어려웠던 조선의 소외 계층을 위해 학교와 병원을 세우는 등 다양한 방식으로 그들의 삶을 개선하고자 했다.

이처럼 초기 선교사들은 의료와 교육에 많은 관심을 가지고 활동을 시작한 것을 알 수 있다. 그러나 이들은 의료와 교육뿐만 아니라 조선의 민초들에게 새로운 문화를 보급하는 데도 힘썼다. 그 대표적인 조직이 바로 YMCA(Young Men's Christian Association)이다. YMCA는 1901년, 조선에 YMCA 총무로 파송된 필립 질레트(Philip Gillette)에 의해 1903년 10월 28일 '황성 기독교 청년회'라는 이름으로 창설되었다. 이때 함께한 사람들은 언더우드, 아펜젤러, 질레트, 헐버트, 게일이었다.

YMCA는 일제 치하에서 어떤 활동을 했을까? 놀랍게도 1904년에 한성감옥에서 촬영된 한 장의 사진이 발견되었다. 이 사진을 통해, 1904년에 투옥된 조선인들을 위해 방문한 선교사들이 그들의 변호를 돕고 영어 교육을 제공하며 보호했던 사실을 알 수 있다. 이처럼 선교사들은 이승만, 이상재 등 민족의 지도자가 될 독립운동가들을 지원하고, 그들에게 교육의 기회를 제공했다.

그런데 황성 YMCA를 창설한 길례태 선교사는 1913년 6월, 105인 사건을 핑계로 강제로 추방당하게 된다. 추방당한 길례태 선교사는 중국으로 이동해 1932년까지 중국 YMCA 활동을 이어갔다. 그는 단순히 YMCA 활동에 그치지 않고 상해임시정부의 재정을 지원하며 독립운동을 돕기도 했다.

대체 선교사들은 왜 이렇게까지 조선을 위해 나눔과 섬김을 실천했을까? 자신의 안위와 평안을 추구해도 충분했을 텐데 말이다. 게다가 당시 조선에 온 선교사들의 교육 수준은 지금과 비교해도 부족하지 않은 수준이었다. 그럼에도 그들은 동방의 끝자락에 있으며, 일본에 의해 국권을 빼앗긴 조선을 위해 모든 노력을 다했다. 그들의 헌신과 섬김은 조선의 독립을 열망하는 사람들에게 도전이 되었을 가능성이 크다.

이와 비슷한 모습은 애굽에서 노예로 살다 모세에 의해 약속의 땅으로 나아가는 이야기를 담은 구약성서의 '출애굽기'에서 찾을 수 있다. 이집트의 노예로 430년을 지내다 모세라는 지도자에 의해 약속의 땅 이스라엘로 이동하는 모습은, 일본에 의해 억압받던 조선인들에게도 독립에 대한 열망을 불러일으켰을 것이다.

결국 대한민국은 선교사들과 독립을 열망했던 많은 분들의 헌신으로 인해 광복을 맞이했다. 그리고 한국전쟁, IMF와 같은 역경 속에서도 굴하지 않고 선진국 반열에 올랐다. 그렇다면 이제 우리는 무엇을 해야 할까? 우리가 받았던 그 시절의 은혜를 이제 도움이 필요한 사람들에게 돌려줄 의무가 있다. 그러나 우리는 아직도 나눔보다는 더 많이 갖기 위해 분주한 것 같다. 그러므로 지성인의 양심은, 우리가 갖기에 급급하기보다 도움이 필요한 사람들에게 사랑을 나누도록 우리를 이끌어야 할 것이다.

이상재 선생님의 이야기로 마치려고 한다. 이상재 선생님은 신사유람단에 선발될 정도로 명문 가문 출신이었다. 그는 YMCA 야구단에도 관심을 두고 활동했는데, 이는 야구 자체에 대한 관심일 수도 있지만, 청년들에 대한 관심이었을 것이다. 또한 그는 만민공동회에서 활동하고, 1924년에는 민족지로 전환한 조선일보의 사장으로 활동하며 독립운동과 민족의식 고취에 힘썼다. 1927년 2월 15일에는 좌우익이 힘을 모아 결성한 대표적인 항일단체인 '신간회'를 조직했다.

그런데 이상재 선생님을 부를 때 흔히 사용하는 표현이 있다. 바로 '영원한 청년 이상재'라는 표현이다. 인상적이지 않은가? 이상재 선생은 민족대표 33인에 이름을 올리지 않았다. 그러나 이것이 그가 독립에 대한 열망이 없었다는 것은 아니다. 이후 그는 독립협회에서 활동하며 중요한 역할을 했다. 서재필이 독립협회를 창설하고, 윤치호가 이를 계승했다면, 이상재 선생은 독립협회를 확대하는데 기여했다. 이처럼 독립협회의 세 거두(서재필, 윤치호, 이상재)는 독립을 위한 중요한 역할을 담당하게 된다.

수업을 마치면서...

현재 한국교회가 청년들에게 외면을 받는 이유는 무엇일까? 개인주의적 성향이 강한 MZ세대 학생들은 '예수천당, 불신지옥'과 같은 공격적인 전도 방식을 불편하게 여긴다. 또한 죽어서 천국에 가는 것을 강조하는 기독교를 현실과 동떨어진 종교로 생각하는 경향도 많다. X세대인 내 대학 시절을 돌아보면 이러한 학생들의 시선을 조금이나마 이해할 수 있다. 그래서 강의의 첫 제시어로 사용한 단어는 '내세천국, 현실도피'다. 이는 '기독교가 현실감각이 동떨어진 종교'라는 인식에 대한 정면 대응이다. 다소 불편한 내용일 수도 있지만, 처음에 이런 질문을 던지면 학생들은 호기심을 갖게 된다. 이런 불편함을 미리 제시하는 이유는 한 가지다. 선교사들의 다양한 사역을 소개하기 위함이다.

먼저 배재학당을 세운 아펜젤러 선교사에 대해 알아보자. 고종 황제께서 아펜젤러가 세운 학교의 이름을 '유능한 인재를 기르는 학교'라는 뜻의 〈배재학당〉으로 직접 지어주셨다. 고종 황제가 선교사들의 학교 이름을 지어준 것은 놀라운 일이다. 또한 연세대를 세운 언더우드(Horace Grant Underwood), 이화학당(이화여고, 이화여대)을 세운 스크랜튼(Mary F. Scranton)도 한국 교육을 위해 헌신했다. 뿐만 아니라, 1887년에 스크랜튼(William B. Scranton)이 세운 부인 전문병원 보구여관을 통해 의료와 교육의 기회를 제공했다.

당시 선교사들이 교회를 세운 후 전도에 중점을 두었을 것이라는 선입견을 가진 사람들이 많다. 이는 현재 전도 방식에 대한 불편함 때문일 가능성도 있다. 그러나 지금까지의 내용을 살펴보면 그것이 오해임을 알게 될 것이다.

YMCA를 아시는가? 몸으로 알파벳을 표현하는 'YMC~A'라는 노래를 들어본 적 있는가? 우리나라에서 YMCA는 1903년에 필립 질레트 선교사에 의해 '황성기독교청년회'(YMCA)로 시작되었다. 일제 강점기 시절 YMCA 야구단의 이야기를 다룬 영화 YMCA 야구단을 보여주면 학생들은 무척 좋아한다. 일제에 모든 것을 빼앗긴 조선인들에게 일본과 평등하게 경기를 하며 승리를 거둘 수 있었던 YMCA 야구단은 희망과 용기를 주었다. 이처럼 영원한 청년을 꿈꿨던 이상재 선생님은 '민족의 목자', '시대의 예언자', '화해의 지도자', 그리고 '영원한 청년'이라는 다양한 호칭으로 불렸다

"여러분이 청년임을 증명해 보세요"

다만 증명 방법은 문서나 주민등록증이 아니다. 이른바 '존재증명'인 셈이다. 원래 '존재증명'은 신의 존재에 대한 증명 방법으로 시작된 개념이지만, 여기서는 자신의 존재를 증명해야 하는 것이다. 20살의 청년이 자신을 증명하라니, 무척 혼란스러울 것이다. 나는 김구 선생님의 백범일지에서 '내가 원하는 나라'를 인용하며 '꿈'을 떠올렸다. 보통 '꿈'이라고 하면 단순히 직업을 떠올리지만, 그건 진정한 꿈이 아닐지도 모른다. 어쩌면 꿈이란, 평생을 바쳐도 이룰 수 있을지 모를 만큼 벅차고 설레는 무엇이 아닐까? 학생들은 이 질문과 답에 묘한 도전과 감동을 받을 수 있을 것이다.

고민해 봅시다

1. 지성인의 의무와 책임은 무엇일까?

_____

_____

2. 당시 선교사들의 도움이 없었다면 조선의 상황은 어떻게 되었을까?

_____

_____

3. 오늘날 내 주변에 도움이 필요한 사람들에게 내가 할 수 있는 일은 어떤 것이 있을까?

_____

_____

4. 나만의 이익이 아닌 다른 사람을 위해 나의 꿈을 만들어 갈 수 있을까?

_____

_____

3강 기독교 정신과 활동가들, 손양원 목사님과
백범 김구 선생님 이야기

3강 기독교 정신과 활동가들, 손양원 목사님과 백범 김구 선생님 이야기

진정한 기독교 정신은 무엇일까?

많은 사람들이 "교회"라고 하면 "예수 천당, 불신 지옥"을 떠올린다. 하지만 그것이 기독교 정신의 전부일까? 이번에는 기독교 정신으로 활동했던 분들의 이야기를 통해 교회 밖에서 복음의 의미를 실천할 수 있는 것에 대해서 알아보자.

조선인들의 병을 치료하다!

당시 조선인들은 의료의 지원을 받는 것이 쉽지 않았다. 동네 의원을 불러 진료를 받는 것 역시 쉽지 않았던 시절이었기 때문이다. 게다가 광혜원(국립의료원)은 경성(서울)에 있었기 때문에 지방의 평민들은 이곳을 이용하는 것이 쉽지 않은 상황이었다. 경성에 비해 지방은 의료시설이 턱없이 부족했다. 포사이드 선교사는 1909년과 1912년에 순천과 광주에 각각 한센병(나병) 환자들을 위한 병원을 설립한다. 지방의 평민들도 그렇지만 한센병에 걸린 환자들은 더 처참한 상황이었다. 한센병은 성서에서도 부정한 병으로 기록될 정도로 모두가 꺼리는 질병이었다. 이런 현실에서 포사이드는 한센병 환자들을 위한 병원을 세워 진료를 했다. 이후 1925년에는 600명이 거주할 수 있는 나환자촌을 만들었는데 1926년에는 여수와 순천지방으로 이주를 하게 된다. 그리고 이것은 후에 애양원의 시초가 된다.

사랑의 원자탄 손양원 목사, 아들을 죽인 원수를 양아들로 삼다

애양원은 신약성서의 누가복음에서 '강도 만난 자의 이웃'이 된 "착한 사마리아 사람" 정신으로 세워진 곳이다. 애양원의 이름의 뜻은 '사랑으로 보살피는 동산'이다. 1939년 손양원 목사님이 애양원에 이사하고 사랑으로 환자들을 돌보셨다. 애양원에서 손양원 목사님의 행적 중 환자들의 환부에 생긴 고름을 직접 입으로 빨아 제거하는 모습은 놀라움과 감동의 연속이었다.

여수 애양원은 1926년 윌슨 엉거 선교사에 의해 세워진 곳이다. 이후 한센병 1세대 환자들이 고령으로 세상을 떠난 이후 성산교회로 이름을 변경했다. 내가 C.C.C순 여행으로 처음 이곳에 방문했을 때는 "성산교회"였다. 당시 내가 애양원에서 만난 분들은 정말 충격적이었다. 손가락도 없고, 눈도 감겨서 앞을 보지 못하는 분들이 대부분이었다. 그런데 한 할머니께서 내 손을 꼭 잡고 '찾아와 줘서 고맙다'고 말씀하시는데 깜짝 놀랐다. 손가락의 마디가 몇 개 없는 손으로 손을 잡으시는데 무척 당황했다. 나는 속으로 '나도 한센병에 걸리는 것 아닌가?'라는 생각을 했다. 나의 이런 생각을 예상하셨는지 할머니께서는 '너무 걱정하지 마세요. 우리는 음성이라 누구에게도 병을 옮기지 않아요.'라고 말씀하셨다. 뿐만 아니라 손가락과 발가락도 몇 개 없으신 분들이 성서를 통째로 외우시는 모습뿐 아니라 놀란 나를 위해 안심시키시는 그 분의 말씀에 너무 부끄러웠다. 그분들을 위로하기 위해 찾았는데 오히려 그분들에게 위로를 받았기 때문이다.

1948년 10월, 손양원 목사님에게는 큰 충격의 사건이 벌어진다. 당시 여수와 순천에서 좌익들에 의한 반란 사건이 일어났다. 이때 학교 기독동아리 회장과 부회장이던 손양원 목사님의 손동인, 손동신 두 아들이 좌익 청년 안재선에게 순천의 동천 인근에서 살해를 당하게 된다. 하루아침에 두 아들을 잃은 손양원 목사님은 큰 충격을 받으셨을 것이다. 이 소식을 들은 가족과 애양원 사람들은 큰 슬픔에 빠졌다. 그런데 손양원 목사님은 두 아들의 장례식에서 모두를 놀라게 하는 행동을 한다. 두 사람의 장례식에서 손양원 목사님은 10가지의 감사기도를 올렸기 때문이다.

제가 이 시간에 무슨 답사를 하고 무슨 인사를 하겠습니까마는 그래도 하나님 앞에 감사하는 마음이 있어서 몇 말씀 드립니다.

첫 째, 나 같은 죄인의 혈통에서 순교의 자식들이 나오게 하셨으니 하나님 감사합니다.

둘 째, 허다한 많은 성도들 중에 어찌 이런 보배들을 주께서 하필 내게 맡겨주셨는지 그 점 또한 주님 감사합니다.

셋 째, 3남 3녀 중에서도 가장 아름다운 두 아들 장자와 차자를 바치게 된 나의 축복을 하나님 감사합니다.

넷 째, 한 아들의 순교도 귀하다 하거늘 하물며 두 아들의 순교이리요, 하나님, 감사합니다.

다섯째, 예수 믿다가 누워 죽는 것도 큰 복이라 하거늘 하물며 전도하다 총살 순교 당함이리요, 하나님 감사합니다.

여섯째, 미국 유학 가려고 준비하던 내 아들, 미국보다 더 좋은 천국에 갔으니 내 마음이 안심되어, 하나님 감사합니다.

일곱째, 나의 사랑하는 두 아들을 총살한 원수를 회개시켜 내 아들 삼고자 하는 사랑의 마음을 주신 하나님 감사합니다.

여덟째, 내 두 아들의 순교로 말미암아 무수한 천국의 아들들이 생길 것이 믿어지니 우리 하나님 감사합니다.

아홉째, 이 같은 역경 중에서도 이상 여덟 가지 진리와 하나님 사랑을 찾는 기쁜 마음, 여유 있는 믿음 주신 우리 주 예수 그리스도께 감사합니다.

열 번째, 이렇듯 과분한 축복 누리게 되는 것을 감사합니다.

아들의 장례식에서 손양원 목사님의 이 기도에 모두가 큰 충격을 받았다. 두 아들의 죽음에 '감사'라는 말을 한 것과, 자신의 두 아들을 죽인 범인을 양아들로 삼기로 결심한 것 때문이었다. 이후 사태가 진압되고 목사님은 안재선이라는 좌익청년이 두 아들을 죽였다고 자백하자 그를 용서하고 자신의 양아들로 삼았다. 기록에 따르면 격분한 마을 사람들과 애양원 환자들에 의해 처형이 집행되려고 할 때 손양원 목사님은 설교로 인해 자리에 없었다. 하지만 목사님은 자신의 딸인 손동희에게 빨리 가서 자신이 안재선의 처형을 막고 양아들로 삼을 것이라고 말하라고 시켰다. 하지만 딸은 오빠를 죽인 살인자를 살리는 것도 모자라 한 가족이 되는 것은 견딜 수 없다고 거절을 했다. 하지만 손양원 목사님의 간곡한 부탁을 고민 끝에 따르게 되었고, 이로 인해 안재선은 목숨을 건지게 되었다. 이후 안재선은 자신의 행동을 회개하고 손양원 목사님을 아버지처럼 따르게 되었다고 한다.

2년 후, 1950년 6.25 한국전쟁이 벌어졌다. 전세는 급격하게 악화하고 북한군이 호남으로 쳐들어오게 되었다. 이 소식을 들은 사람들은 손양원 목사님의 피난을 권유했지만, 환자들을 버리고 갈 수 없다며 끝까지 애양원에 남았다. 그런데 환자들은 공산군이 나병환자들은 죽이지 않을 테니 어서 피난을 가라고 독촉했다. 그러나 손양원 목사님은 이를 듣지 않고 남았다. 결국 공산군이 여수로 진격해 오게 되자, 기독교 목사라는 이유로 체포되어 감금당하게 되고, 결국 1950년 9월 28일에 48세의 나이로 총살을 당해 순교했다.

이렇게 순교한 손양원 목사님의 장례는 양아들 안재선이 상주가 되었다. 그리고 손양원 목사님의 장례식에 안재선이 가장 슬퍼했다고 한다. 손양원 목사님은 안재선이 목회자가 되길 원했다고 한다. 그러나 그는 목사가 되지 않고 평생 평신도로 살았다. 아마도 사람을 죽였다는 죄책감과 '그런 자신의 설교를 누가 듣겠냐'는 생각으로 목회자의 길을 포기한 것으로 보인다. 안재선은 죽기 전 아들 안경선에게 자신이 이루지 못한 신학의 꿈을 이루어주길 바라는 소망을 전했다. 결국 그의 아들 안경선은 서울기독대학교를 졸업하고 목회를 하다 아프리카에서 한센병 환자들을 돌보는 선교사로 사역하고 있다. 손양원 목사님의 한센인을 위한 목회가 그의 손자에 의해 이어지고 있다는 것은 참으로 놀라운 일이 아닐 수 없다.

백범 김구 선생님과 손양원 목사님

백범 김구 선생님은 자신의 아들을 죽인 원수 안재선을 용서한 손양원 목사님의 이야기를 듣고 큰 감명을 받았다. 그래서 김구 선생님은 1949년 3월 26일, 손양원 목사님을 자신의 학교 교장으로 초청하고자 했다. 그러나 손양원 목사님은 여수의 애양원에 있는 나병환자들을 떠날 수 없다며 교장직을 정중히 거절했다. 김구 선생님은 손양원 목사님의 이러한 모습에 더욱 감동을 받아, 휘호를 적어 목사님께 드렸다.

踏雪野中去 不須胡亂行 今日我行跡 遂作後人程

(답설야중거 불수호란행 금일아행적 수작후인정)

눈 덮인 들판을 걸을 때 함부로 걷지 말 것은,

오늘 내가 걸은 발자국이 뒷사람의 이정표가 되기 때문이다.

- 조선후기 문인 이양연(李亮淵,1771~1853)의 〈야설(野雪)〉 -

고등학교 시절에 우연하게 읽은 백범일지에 매료된 적이 있다. 독립운동에 대한 이야기들은 제 가슴을 뛰게 만들었지만, 그런데 그것보다 내 가슴을 더 뛰게 만든 글이 있다. 그것은 바로 "내가 원하는 나라"다.

"내가 원하는 나라"

나는 우리나라가 세계에서 가장 아름다운 나라가 되기를 원한다.

가장 부강한 나라가 되기를 원하는 것은 아니다.

내가 남의 침략에 가슴이 아팠으니

내 나라가 남을 침략하는 것을 원치 아니한다.

우리의 부력은 우리의 생활을 풍족히 할 만하고,

우리의 강력은 남의 침략을 막을 만하면 족하다.

오직 한없이 가지고 싶은 것은 높은 문화의 힘이다.

문화의 힘을 우리 자신을 행복하게 하고

나아가서 남에게 행복을 주겠기 때문이다.

백범 김구 선생님의 '내가 원하는 나라'에서 '문화'라는 단어에 몰입하게 되었다. 보통 문화라고 하면 공연을 떠올리지만, 문화는 그런 것이 아니라 '사람들의 삶의 양식'을 의미한다. 우리나라가 세계에서 가장 높은 문화의 힘을 지닌 나라, 사람들을 배려하는 문화를 가진 나라가 되면 좋겠다.

고민해 봅시다

1. 높은 문화의 힘을 갖기 위해 필요한 것은 무엇일까?

_____

_____

_____

2. 나에게 악을 행한 사람을 용서하고 사랑한 손양원 목사님의 삶은 나에게 어떤 의미인가?

_____

_____

_____

3. 오늘날 내 주변에 도움이 필요한 사람들에게 내가 할 수 있는 일은 어떤 것이 있을까?

_____

_____

_____

4강 창세기 이야기를 통해 바라 본
남자와 여자 이야기, 그리고 결혼

4강 창세기 이야기를 통해 바라 본 남자와 여자 이야기, 그리고 결혼

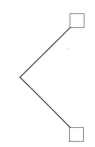

　이번 강의는 태초의 시작을 다루고 있는 창세기에 대한 내용이다. 이 단원에서는 남자와 여자의 창조와 결혼에 대한 내용을 중심으로 살펴볼 것이다. 대학생들에게 결혼은 어떤 의미가 있을까? 성서의 창세기에서는 하나님이 흙으로 아담을 만든다. 그런데 아담이 홀로 있는 것이 안타까워 아담의 뼈로 하와를 만든다. 하와를 본 아담은 '내 뼈 중의 뼈요, 살 중의 살이라'라고 말한다(창 2:23). 그만큼 아담은 하와를 매우 마음에 들어 하지 않았을까!

　그러나 하와는 뱀의 유혹에 빠져 하나님이 먹지 말라고 한 악을 알게 하는 나무의 열매'를 따 먹는다. 그리고 그 열매를 남편 아담에게도 건네어 함께 먹게 한다.

　아담과 하와가 선악을 알게 하는 나무의 열매를 먹고 하나님의 낯을 피해 숨게 된다. 그렇게 숨은 그들에게 하나님이 나타나서 묻는다. 하나님이 아담에게 그 나무 열매를 먹었냐고 묻자, 아담은 '하나님이 주셔서 나와 함께 있게 하신 여자, 그가 나무 열매를 주었기에 내가 먹었습니다'라고 대답한다. 말은 그렇게 하지만, 사실은 **'저 여자가 내게 줘서 어쩔 수 없이 먹었습니다'**라고 변명하는 것이다.

　이들의 불순종으로 인해 결국 아담과 하와는 하나님이 만드신 동산에서 쫓겨나게 된다.

하나님은 쫓겨나는 아담에게는 노동의 고통을, 하와에게는 출산의 고통을 주셨다.

**남자 => 노동
여자 => 출산**

    그럼 여기서 잠깐 고민해 보자. 만약 아담과 하와가 뱀의 유혹을 이겨내고 선악을 알게 하는 나무의 열매를 먹지 않았다면 어땠을까? 그랬다면 남자는 노동의 고통을, 여자는 출산의 고통을 겪지 않았을지도 모른다. 그런데 만약 이 고통이 없다면 사람들은 정말 행복해졌을까

    개인적으로 정말 재미있게 본 드라마 중 하나는 미생이다. 이 드라마는 직장인들의 삶과 애환을 생생하게 그려냈다는 평가를 받았다. 여기서 주인공을 맡았던 임시완은 필자가 대전MBC 정오의 희망곡에서 코너를 맡아 방송할 때, 제국의 아이들 홍보로 방송에 왔던 적이 있다. 그런데 당시 나는 광희밖에 몰랐다. 이후 방송을 마치고 드라마 미생을 보면서 그때의 임시완 배우가 제국의 아이들 멤버였음을 알게 되었다.

"평생을 바친 회사에서 퇴직하는 장면에서 전무의 독백"
    자신의 삶의 대부분을 보냈던 회사에서 자신의 업무방식에 문제를 삼아 한직으로 발령을 받은 전무의 이야기는 직장인의 삶의 단편을 잘 드러내고 있었다.

    "28년을 다닌 회사에서 내 방식에 문제를 삼을 때는 정말 충격이었어. 모두가 땅을 볼 수밖에 없을 때, 구름 너머의 별을 보려는 사람을 임원이라 하더군. 나는 구름에 오르기 위해 땅에서 두 발을 떼도 상관없다고 생각했지. 두 발을 땅에 딛고도 별을 볼 수 있는 사람이 얼마나 되겠어? 하지만 이번에 확실히 깨달았어. 그럼에도 불구하고, 회사가 원하는 임원이란 두 발을 땅에 굳게 딛고서도 별을 볼 수 있는 거인이라는 걸…"

"최선을 다해도 정규직이 될 수 없음"

비정규직으로 근무하는 장그래는 지금처럼 최선을 다하면 정규직이 될 수 있을지 모른다는 희망을 갖게 된다. 그래서 과장에게 "지금처럼 열심히 하면 정규직이 될 수 있습니까?"라고 묻는다. 그러나, 이 질문을 받은 과장은 매우 씁쓸한 현실을 알려준다.

> "안될거다. 데이터는 그래. 대학 4년, 어학연수 다녀온 사람들도 많고 그 사람들도 취직 못해서 고통 받고 있어. 그들이 그 시간에 지불한 비용과 노력을 생각해본다면 취업우선순위에서 밀리는게 당연할지도 몰라. 고급인력을 쓰고 싶으니까 학력, 학점, 특기를 보는 것이고. 그렇게 해도 알 수 없는 게 사람이라 여러 특이사항 따져서 가산점 주고. 할 수 있는 모든 걸 따지지. 회사의 메뉴얼은 철옹성 같아. 네가 끼어들 틈은 없을거야."

이제 다시 질문을 던진다. '노동이 고통인가?'라는 질문에 '고통'이라고 쉽게 답하기 어려울 것이다. 왜냐하면 대학에서 최선을 다하는 이유가 바로 '취업'이라는 목표이기 때문이다. 그리고 성서에서 출산과 노동이 고통이라고 여겼지만, 막상 그것을 다시 생각해 보니 꼭 그렇지만은 않기 때문은 아닐까?

이제 결혼에 대한 학생들의 생각을 물어볼 시간이다. 이 질문은 2015년부터 2024년까지 한 번도 빠짐없이 같은 질문으로 시작했다. 주제는 바로'동거'!! 대학생들은 동거에 대해 어떤 생각을 하고 있을까? 학생들의 솔직한 이야기를 듣고 싶어 단체 대화방에서 무기명으로 **동거에 대한 생각**을 실시간으로 조사했다.

대학생들의 동거에 대한 생각

동거에 대한 찬반 (찬성 32 / 반대 10)

결과는 동거에 대한 찬성이 32명, 반대가 10명! '이렇게 많이 동거에 대한 찬성을 하고 있다니...'

이 투표를 처음 실시할 때 정말 깜짝 놀랐다. 왜냐하면 그냥 학생들에게 툭 하고 던진 질문이었기 때문이다. 그런데 예상치 못한 결과에 당황했지만 잠시 숨을 고르고 두 번째 질문을 던졌다 .

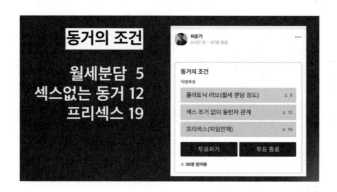

당혹스런 첫 번째 질문에 이어 던진 두 번째 질문은 **"동거의 조건"**이다. 동거의 다양한 형태에 대한 이해를 물어보기 위한 것이었다. 그런데 여기서 상당히 재미있는 결과가 나왔다. 월세분담은 5명, 섹스 없는 동거는 12명, 그리고 프리섹스까지 가능은 19명이 나왔다. 여기서 의견이 분산되기 시작했다. 대부분의 학생이 섹스까지 가능하다고 했지만, 그와 비슷한 비율로 월세분담 혹은 그냥 동거를 선택했기 때문이다.

이제 잠시 생각을 고른 후에 결정타를 날리기로 했다. 제 마지막 질문은 조금 잔인한 의도를 담았다. 내가 생각한 질문은 바로 **"결혼 후 배우자의 동거 사실을 알게 되었을 때"**.

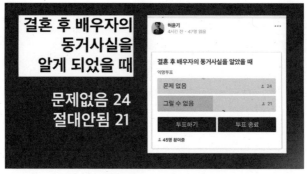

(문제 없음 24명 / 그럴 수 없음 21명)

여기서 우리들의 속마음이 드러난다. 나는 동거해도 되지만 배우자는 동거하면 안된다는, 이른바 "내로남불"이 드러나기 때문이다. 결과를 보면서 조금 당혹스럽게 생각했다. "내가 하는 동거는 로맨스고, 배우자가 했던 동거는 불륜인가?"라는 질문에 어떤 답을 내릴 수 있을까?

고민해 봅시다

1. 남자와 여자의 차이를 어떻게 생각해야 할까?

_____

_____

_____

2. 나는 노동의 가치에 대해 어떤 생각을 갖고 있을까?

_____

_____

_____

3. 나는 어떤 배우자의 모습을 기대하고 있을까?

_____

_____

_____

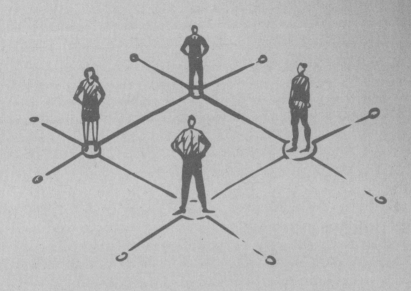

5강 선택과 약속, 이스라엘의 이야기

선택과 약속, 이스라엘의 이야기

"은혜, 대가 없이 그냥 받는 것"

이번 시간에는 애굽에서 노예로 살던 이스라엘이 애굽을 벗어나 약속의 땅으로 가게 된 여정을 중심으로 살펴볼 것이다. 우선 '은혜'라는 단어에 대해 생각해 보자. '은혜'는 어떤 상황에서 사용하는 것일까? 사전적 의미로 은혜는 '대가 없이 그냥 받는 것'이다. 그런데 우리는 종종 은혜를 내가 뭔가를 베푼 것에 대한 보답으로 받는 것이라고 생각한다. 예를 들어, 학교에서 점심시간에 지갑을 깜빡하고 놓고 와서 난처한 상황에 있을 때, 누군가 내 밥값을 대신 계산해 준다면 '빚을 졌으니 이 은혜는 갚을게'라고 말할 것이다.

우리가 잘 알고 있는 '나 같은 죄인 살리신' 찬양은 존 뉴턴(John Newton)이 만들었다. 그는 한때 노예 상인이었지만, 난파의 위기를 겪은 후 1755년 영국 성공회 신부가 되었다. 그의 묘비에는 이런 글이 기록되어 있다."

존 뉴턴(John Newton)
1725년 7월 24일~1807년 12월 21일

영국의 성공회 신부, 찬송가 작가.
노예선 선장이었던 그는 회심 이후 1755년 성공회에서 사제서품을 받았다.
그가 지은 대표적인 찬송가로는
'나 같은 죄인 살리신'(Amazing Grace, 1779년작)이 있다.

한때는 방탕한 무신론자 아프리카 노예들의 종, 뱃사람, 그리고 노예선의 선장,
한때 그가 없애려고 했던 복음전도자의 삶을 올리에서 16년, 그의 교회를 위하여 모두 28년을 섬기었다.

이 찬양은 많은 사람들에게 큰 감동과 은혜를 주는 것으로 유명하다. 그중에서도 팔꿈치 피아니스트 최혜연 양의 연주가 가장 큰 감동으로 남는다. 최혜연 양은 3살 때, 정육점을 운영하시던 아버지 가게에서 놀다가 실수로 기계에 팔이 끼여 오른손 손목이 절단되는 사고를 겪었다. 혜연 양도 힘들었겠지만, 아버지의 마음은 어땠을까? 너무나도 가슴 아픈 사건이 아닐 수 없다. 나는 혜연 양이 중학교 3학년 때 정은현 대표님과 함께 그녀를 만났다.

Amaging Grace
연주: 최혜연
(팔꿈치 피아니스트)

혜연 양과의 첫 만남은 아직도 깊이 기억에 남아 있다. 대전예술고등학교에 입학하기 위해 정은현 대표님을 만나던 자리였다. 그런데 정은현 대표님이 만남을 약속한 전날, 함께 만나보면 어떻겠냐는 연락을 해왔다. 나는 흔쾌히 만나자고 했다.

"제 꿈은 대전예술의전당에서 독주회를 하는 것이에요"

당시 혜연 양은 긴 소매 옷으로 자신의 손을 가리고 있었다. 반갑게 인사를 나누고 이런 저런 이야기를 나누다, 나는 혜연 양에게 꿈이 무엇이냐고 물었다. 그런데 혜연 양의 대답에 나는 놀랐다. 내가 예상했던 답은 '피아니스트'였다. 하지만 혜연 양은 그 예상을 뛰어넘었다. 이미 자신을 피아니스트로 확신하고 있다는 점이 놀라웠다. 그날 혜연 양과의 첫 만남은 대전 KBS와의 촬영 현장이었다. 나는 준비한 카메라로 혜연 양의 모습을 사진으로 기록했다. 이후 혜연 양이 대전예술고등학교에 피아노 전공으로 입학했다는 소식을 듣고 무척 기뻤다.

그리고 한참 소식이 궁금해지던 무렵, 정은현 대표님으로부터 한 통의 전화를 받았다. 혜연 양이 드디어 꿈을 이루게 되었다는 소식이었다. 혜연 양의 꿈, 바로 '대전예술의전당에서의 연주회'였다. 정은현 대표님은 혜연 양의 꿈이 이뤄지는 자리에 많은 사람이 와서 축복해 주길 바란다며 티켓 30장을 주셨다. 그래서 나는 주변 분들께 이 특별한 자리에 참석해 달라며 티켓을 나눠 드렸다. 그런데 티켓을 받지 못한 분들로부터 추가 티켓을 구할 수 있냐는 문의가 오기 시작했다. 이에 대표님께 연락드렸더니, '혜연 양의 꿈이 이뤄지는 순간이니 많은 분이 오시면 좋겠어요'라고 하셔서, 나는 그날 연주회에 100여 명을 초대할 수 있었다.

공연 당일, 나는 리허설 시간에 맞춰 대전예술의전당 앙상블 홀을 찾았다. 혜연 양은 자신이 준비한 곡들을 하나씩 연주했고, 정은현 선생님과 함께 연주하기도 했다. 준비한 모든 곡의 리허설이 끝난 후에는 앙코르곡만 남았다. 나는 앙코르곡이 무엇일지 궁금했다. 그런데 놀랍게도 혜연 양의 앙코르곡은 'Amazing Grace'였다. 그 연주는 마치 '자신에게 주어진 모든 것이 그저 놀라운 은혜'라는 고백처럼 들렸다. 나는 재빨리 카메라를 세워 앙코르곡 리허설을 녹화했다. 이렇게 녹화한 영상은 나의 YouTube 채널에 기억하고 싶은 마음으로 업로드했다

　본 공연을 앞두고 대전예술의전당 앙상블 홀에는 혜연 양을 축복하기 위해 찾아온 사람들로 가득했다. 공연이 시작되고 얼마 지나지 않아 공연장 여기저기에서 '훌쩍'거리는 소리가 들렸다. 혜연 양의 어린 시절을 기억하는 분들, 같은 교회 사람들, 그리고 혜연 양의 사연을 듣고 찾아온 관객들이 그녀의 연주에 감격의 눈물을 흘리고 있었다. 나 역시 연신 눈물을 훔치며 촬영하고 있었다. 그런데 혜연 양의 연주회에서 나를 또 감동시켰던 것은, 그동안 긴 소매 옷으로 팔을 가리고 연주하던 혜연 양이 이번에는 자신의 팔꿈치를 그대로 드러내고 연주하고 있었다는 점이다.

[피아니스트 최혜연 독주회 2013년 11월 24일 대전예술의전당 앙상블홀]

　연주회 이후 혜연양은 피아노 전공으로 대학에 진학했다고 들었다. 그것도 장애인 특별전형이 아닌 일반전형으로 말이다. 알고 보니 정은현 대표는 혜연양을 위해 왼손을 위한 곡들을 중심으로 준비했다고 했다.

이처럼 "대가 없이 받는 것"을 은혜라고 할 때 이집트에서 노예로 살던 이스라엘의 가장 큰 은혜는 출애굽이라 할 수 있다.

이스라엘의 출애굽은 성서의 이야기 중 가장 역동적이면서도 놀라운 이야기로 가득하다. 그래서일까? 1998년에 개봉한 〈이집트 왕자〉 애니메이션은 정말 많은 사람들에게 사랑을 받았다. 그런데 이스라엘의 출애굽을 다룬 영화 중 가장 오랫동안 사랑을 받는 명작도 하나 있다. 그 중 하나는 1956년에 찰스 헤스턴과 율 브리너가 주연한 영화 십계(The Ten Commandments)다.

나는 2012년에 이집트와 이스라엘, 요르단을 성지순례로 다녀왔다. 그때 카메라로 많은 장소를 촬영했다. 가장 인상적인 곳은 이집트의 피라미드였다. '얼마나 많은 사람들의 노역으로 이것이 완성되었을까?', '어떻게 이런 거대한 건물을 세울 수 있었을까?'라는 질문이 저절로 떠올랐다. 그런데 한 가지 실망스러운 점이 있었다. 영화에서는 피라미드가 사막 한가운데 우뚝 서 있는 것으로 나오지만, 실제로는 피라미드가 도심과 너무 가까이 있었다는 점이다.

이집트 일정을 마치고 시나이반도로 이동해 출애굽의 여정을 따라갔다. 수에즈 운하를 지나 시나이반도를 통과한다기에 수에즈 운하를 볼 수 있을 것이라고 기대했지만, 지하차로를 통해 이동해야 했다. 지하차로를 지나 지상으로 올라오니 시나이반도가 펼쳐졌다. 모세의 우물을 지나 본격적으로 시나이반도로 들어가려는 순간 차량이 통제되었다. 이유도 모른 채 기다림이 이어졌다. 얼마나 시간이 흘렀을까? 시나이반도에서 브라질 여성 두 명이 납치되었다는 이야기를 들었다. 시나이반도에서 납치 사건이 자주 발생한다는 얘기를 들었는데, 그날 마침 그런 사건이 벌어진 것이다.

얼마나 기다렸을까? 우리 일행이 탄 버스 앞에 한 차량이 멈췄다. 이집트 무장 경찰이었다. 그들은 우리가 시나이 반도를 통과하는 동안 호위를 맡은 경찰들이었다. 우리는 13시간 동안 그들의 호위를 받으며 시나이 반도를 지나 홍해 근처 숙소로 이동할 수 있었다. 이동하는 내내 얼마나 두렵고 긴장했는지 모른다. 마침내 우리는 홍해 근처 숙소에 무사히 도착해 시나이 반도 일정을 마칠 수 있었다. 숙소에서 짐을 풀며 출애굽 당시의 이스라엘 백성을 생각했다. 그들은 지켜줄 군인도, 빠른 이동 수단도, 제대로 된 보급 체계도 없이 이동했을 것이다. 물론 하나님께서 만나와 메추라기를 공급해 주셨다는 성서의 이야기가 있지만 말이다.

그런데 내가 성지순례 중 가장 큰 감동을 받은 곳이 있다. 그것은 다름 아닌 광야였다. 다들 광야를 떠올리면 '고난'과 '외로움'을 생각할 것이다. 나 역시 그렇게 느꼈다. 그런데 이스라엘 국경을 지나 잠깐 걸었던 '신 광야'에서의 경험은 내게 새로운 생각을 하게 했다.

우선 사막과 광야의 차이부터 설명하겠다. 사막은 물을 주면 금방 다 흡수되어 사라지지만, 광야는 물을 주면 일정 기간 머금고 있다. 그래서 광야에는 겨울비가 내리면 식물이 자랄 수 있는 공간이 된다. 어쩌면 우리 인생에서도 한 번쯤은 광야와 같은 황량한 곳을 걸어가게 될지도 모른다. 하지만 그 광야가 단순히 절망의 땅이 아닌 희망의 땅이 될 수 있음을 기억하고, 희망의 시간이 오기를 기대하며 그 고난의 시간을 잘 이겨내고 버텨내길 바란다. 그러므로 오늘 희망이 없어 보이는 상황 속에서도 아직 희망은 있지 않을까?

고민해 봅시다

1. (추천) 출애굽의 모세이야기를 다룬 "이집트 왕자" 애니메이션 시청

_____

_____

_____

2. 출애굽한 이스라엘이 시내산에서 받은 십계명처럼 나만의 십계명을 만들어 봅시다. (전공 분야에서 성공하기 위한 나만의 계명, 행복하고 의미있는 대학생활 십계명 등...)

_____

_____

_____

3. 작성한 십계명을 내 책상이나 방문에 붙여 매일 도전해 봅시다.

_____

_____

_____

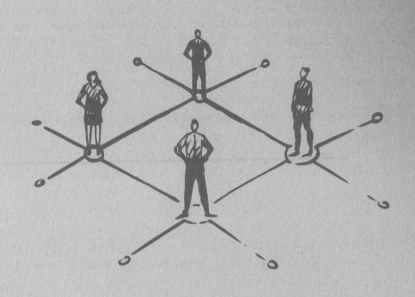

6강 성서 속의 문학과 지혜

6강

성서 속의 문학과 지혜

들어가는 말

오늘은 성서 속의 문학과 지혜에 대해서 살펴보겠다. 오늘 수업에서는 구약성서의 지혜 문학과 시편의 내용을 성서를 통해 함께 읽으며 알아볼 것이다. 그리고, 기드온에서 배포한 신약성서와 시편, 잠언의 본문을 함께 읽으면서 진행할 것이다.

대학에 오면서 중고등학교 때와는 다른 학교 분위기와 수업 방식에 조금 힘들었을 것이다. 그런데 이렇게 대학에서의 수업을 통해 여러분은 변화의 출발점에 서 있음을 발견했을 것이다. 이처럼 변화는 우리의 삶을 바꾸는 중요한 지점이 될 수 있다. 성서에서도 우리에게 삶의 변화를 요구하는 다양한 메시지들을 발견할 수 있다. 오늘은 성서를 중심으로 함께 읽도록 해보겠다.

인생관의 변화 (Changing the View of Life)

세상을 바꾼 사람들의 일대기를 보면 공통적으로 발견할 수 있는 것이 바로 삶에 대한 이해의 변화가 있다는 것이다. 우리는 그것을 "인생관의 변화(Changinf the View of Life)"라고 한다. 여러분은 혹시 인생에 대한 큰 변화를 경험했던 적이 있는가? 나는 고등학교 때 이런 일을 겪었다. 고등학교 3학년 때 방송실 1학년과 2학년 후배가 오토바이 교통사고로 인해 하늘나라로 갔다. 당시 그 충격이 얼마나 컸는지 모른다. 그 사건을 계기로 삶과 죽음의 경계선이 생각보다 얇다는 것을 알게 되었다. 그로 인해 나에게 주어진 하루가 얼마나 값지고 소중한 것인지, 또 세상을 먼저 떠난 후배들의 몫까지 더 열심히 살아야겠다고 결심했다.

이제 성서를 문학적인 측면에서 살펴보도록 하자. 성서는 하나님의 말씀을 인간 저자가 기록했고, 내용상으로 보면 인문학적인 관점으로 볼 수 있는 것이 많다. 성서를 다시 말하면 하나님과 인간과의 관계를 압축적으로 다루고 있으면서, 사람과 사람의 관계에 대한 부분도 함께 녹아 있다.

혹시 미술관에서 이런 형태의 그림을 보신 적 있으신가? 이런 그림은 어떤 장르의 그림일까? 예전에 대전시립미술관의 전시에 초청을 받아 다녀온 적이 있다. 그 때 전시된 작품들은 추상화였다. 당시 추상화를 처음 봤다. 그래서 어떻게 이해를 해야 할지 몰라 큐레이터에게 물어봤다. 그런데 큐레이터는 제게 "추상화는 보이는 대로 보고 이해하시면 됩니다."라고 말했다.

처음에는 조금 당혹스러웠지만 보이는 대로, 혹은 내가 보고 싶은 대로 보는 것이 추상화의 새로운 매력이겠다는 생각을 하게 되었다. 정형화된 형식을 깨트리고 싶은 화가의 마음을 대변하는 것일까? 하지만 추상화가 너무 어렵다며 거리를 두는 경우도 있긴 하다. 그러나 미술전공자들에게 추상화는 알아볼 수 있는 형상이나 모습이 없거나, 혹은 피사체를 구체적으로 묘사하지 않았다는 이유로 '비구상화'라고 부르기도 한다. 그러니 추상화 자체도 이미 화가의 의도가 담겨있다는 것이다.

이처럼 성서에 나타난 하나님도 역시 추상적인 신(Abstractive God)으로 볼 수 있다. 누구나 같은 모습으로, 같은 특성으로 이해하는 것이 아니라 각기 다른 모습과 특성으로 하나님을 이해하고 바라본다는 것이다. 특히 구약성서는 다양한 비유를 통해 야훼(하나님)의 말씀을 기록하고 있음을 발견할 수 있다.

하지만 성서가 인간의 실존적 문제에 대한 답을 줄 수 있느냐에 대한 질문의 답은 어렵다. 왜냐하면 성서는 인간의 실존적 문제에 대해 문제제기는 하지만 그 질문에 대한 답은 제시하지 않기 때문이다. 하지만, 이것은 성서가 답을 줄 수 없다는 관점도, 혹은 답 그 자체 보다는 답을 찾아가는 과정에 대한 관심으로 이해할 수 있을 것이다.

그렇다면 본격적으로 성서의 본문을 함께 읽으며 다양한 문학작품의 특성을 찾아보자. 첫 번째로 알아볼 장르는 '비유'다. 비유는 어떤 대상을 다른 대상과 비교하여 설명하는 것이다. 가장 대표적인 본문이 바로 시편 23편이다. 많은 분들이 알고 있고, 암송하기도 하는 본문이다. 여기서 "야훼 = 나의 목자"라는 등식이 성립되는 것으로 비유를 증명하고 있는 것이다. 특히 시편 23편은 많은 사람들에게 사랑받는 구절이다. 특히 홀로 남겨진 사람들에게 이 말씀은 큰 위로가 되었다. 또한 전쟁터에서 전투에 나가는 병사들 역시 이 말씀을 많이 암기하며 두려움을 떨쳐내곤 했다.

〈비유 1: 여호와는 나의 목자시니(시편 23편 1절-6절)〉

1. 야훼는 나의 목자시니 내게 부족함이 없으리로다.

2. 그가 나를 푸른 풀밭에 누이시며 쉴 만한 물가로 인도하시는도다

3. 내 영혼을 소생시키시고 자기 이름을 위하여 의의 길로 인도하시는도다

4. 내가 사망의 음침한 골짜기로 다닐지라도 해를 두려워하지 않을 것은 주께서 나와 함께 하심이라 주의 지팡이와 막대기가 나를 안위하시나이다

5. 주께서 내 원수의 목전에서 내가 상을 차려 주시고 기름을 내 머리에 바르셨으니 내 잔이 넘치나이다

6. 내 평생에 선하심과 인자하심이 반드시 나를 따르리니 내가 여호와의 집에 영원히 살리로다

〈비유 2: 풀같은 인생(이사야 40장 7절-8절)〉

7. 풀은 마르고 꽃이 시듦은 여호와의 기운이 그 위에 불이라 이 백성은 실로 풀이로다

8. 풀은 마르고 꽃은 시드나 우리 하나님의 말씀은 영원히 서리라 하라

이사야 40장 6-8절은 겨울이 끝나고 초봄이 올 때 광야의 식물이 자라며 푸르름을 더욱 깊게 만들고 있을 무렵일 것으로 보인다. 이처럼 광야에 비가 내리면 식물이 자라 들판이 온통 녹색으로 변하는 것 같지만, 동풍이 불기 시작하면 모든 작물은 그 열기에 잎과 뿌리까지 메말라 죽게 되는 모습을 이사야의 글로 발견할 수 있게 된다(출애굽 단원에서 언급한 "광야"를 살펴보라). 이사야의 글은 읽는 자로 하여금 인생이 영원하지 않은 것임을 깨닫게 하는데 그 목적이 있어 보인다.

〈지혜자의 깨달음〉

잠언은 지혜에 대한 내용들을 많이 다루고 있다. 그래서 많은 기독교인들은 잠언을 읽으며 지혜롭게 되길 바라는 경우가 많다. 그만큼 잠언은 다양한 지혜의 격언이나 모습들을 다루고 있기에 중요하다.

그럼 잠언에서 다루고 있는 지혜의 격언을 살펴보도록 하자. 잠언에는 부지런한 자와 게으른 자에 대한 내용도 포함되어 있다.

〈공의와 부지런함〉

공의를 굳게 지키는 자는 생명에 이르고, 악을 따르는 자는 사망에 이르느니라(잠언 11:19)
부지런한 자의 손은 사람을 다스리게 되어도 게으른 자는 부림을 받느니라"(잠언 12:24)

뜨거운 여름에 열심히 일한 개미가 추운 겨울에 따뜻하게 지낼 수 있다는 것은 어릴 적 봤던 디즈니 만화영화인 것 같다. 개미는 열심히 일하지만 게으름을 피운 베짱이는 결국 추운 겨울이 와서야 후회하고, 결국 착한 개미가 베짱이를 자신의 집으로 들인다는 그런 내용이다. 하지만 어쩌면 이것은 동화가 아니라 학점과 관련된 잔혹동화로 이야기가 아닐까?. 부지런히 수업에 참여하고 제 때 리포트를 낸 학생이 좋은 성적을 받는 것이 마땅하기 때문이다. 정리하면 성서의 메시지가 오늘의 삶과 별반 다르지 않음을 발견 수 있다.

〈말 그릇〉

패역한 자는 다툼을 일으키고, 말쟁이는 친한 벗을 이간하느니라(잠언 16:28)

대학 강의실을 벗어나 캠퍼스를 산책하다보면 학생들의 언어가 생각보다 상당히 거친 것을 발견할 수 있다. 욕은 기본이고, 심지어는 비하의 언어까지 등장한다. 그런데 뜬금없이 수업 시간에 바른 언어를 사용할 것을 말하면 학생들은 무슨 꼰대처럼 말까지 참견하는 것처럼 생각할 것이다. 물론 배우자에 대한 강의에서 학생들이 바라는 배우자상에는 '말을 곱게 쓰는 사람'이라는 것을 언급하는 경우가 있다. 그런데, 말은 그 사람의 심성을 드러내는 중요한 표현도구다. 그러므로 말을 험하게 하는 사람은 행동도 거칠 가능성이 높다. 이렇게 말하면 꼰대가 되는 것 같기도 하지만, 그럼에도 학생들의 언어생활의 변화를 기대한다.

〈부모와 자녀〉

의인의 아비는 크게 즐거울 것이요, 지혜로운 자식을 낳은 자는 그로 말미암아 즐거울 것이니라 네 부모를 즐겁게 하며 너를 낳은 어미를 기쁘게 하라 (잠언 23:24-25)

〈선행〉

구제를 좋아하는 자는 풍족하여질 것이요, 남을 윤택하게 하는 자는 자기도 윤택하여 지리라(잠언 16:28)

차가운 바람이 불면 길거리에서 구세군 자선냄비를 보게 된다. 한국에서 구세군 자선냄비는 1928년 사회적으로 어려움을 겪는 사람들을 돕기 위해 냄비를 걸고 종을 치며 모금을 시작했다. 필자의 할아버지께서는 1928년 구세군 사관학교에서 신학을 시작하셨다. 이후 4대째 목회자 가문이 되었고, 모친의 가문은 5대째 구세군에서 신앙을 이어가고 있다. 필자 역시 자선냄비 모금에 참여했다. 그런데 구세군 자선냄비는 사람들에게 아직까지도 신뢰를 받으며 모금을 이어가고 있다. 사실 자본주의 사회에서 누군가를 돕기 위해 자신의 것을 나누는 것은 쉽지 않은 일이다. 하지만 작은 것이라도 어려움에 처한 사람들과 나누는 것은 무엇보다 소중할 것이다.

"풍요"와 "풍성"의 차이

선행과 구제에 대한 내용 중 '풍요'와 '풍성'의 단어에 대한 차이를 살펴볼 필요가 있다. 우선 사전적 정의부터 살펴보자. "풍요"는 '매우 많아 넉넉하다'는 의미다. 그렇다면 "풍성"은 어떤 의미일까? 이 역시 '넉넉하고 많다'는 의미다. 이렇게 보면 매우 비슷하게 보인다. 하지만 이 '풍요'와 '풍성'을 영어로 표기하면 두 단어의 차이를 발견할 수 있다.

"풍요" - richness(호화로움), abundance(대량), fertility(비옥), plenty(충분한, 넉넉한)

"풍성" - affluent, opulent(부유한, 유복한, 호화로운, 풍부한)

얼핏 보면 큰 차이가 없어 보이지만, 풍요와 풍성에는 미묘한 차이가 있다. "풍요"는 양적인 측면이지만 계측할 수 있지만, "풍성"은 성질의 측면이므로, 계측하기가 어려운 측면이 있다. 성서에서 말하는 '풍성'은 계량이나 계측할 수 있는 것이 아닌 형이상학적인 측면으로, 넉넉함의 의미를 강하게 담고 있다. 하지만 '풍요'는 계량이나 계측할 수 있는 물질적인 측면의 의미를 담고 있다.

수업을 마치며

이렇게 수업시간에 성서의 본문을 읽는 것은 많은 의미가 있다. 첫째, 성서가 단순히 기독교의 교리만을 담고 있는 책이 아니라는 것이다. 둘째, 성서는 종교의 관점 뿐 아니라 인문학, 또한 인간의 기본 성품에 대한 내용들이 많이 담겨 있다. 특히 시편이나 잠언의 경우는 학생들이 시처럼 읽을 수 있고, 잠언의 경우는 자신을 개발하거나 인성에 대한 고민을 할 수 있는 말씀들이 포함되어 있기에 종교와 상관없이 격언이나 덕담, 혹은 속담처럼 삶의 도움이 될 수 있을 것이다.

고민해 봅시다

1. 성서에서 나에게 의미가 되었던 부분이 있을까요? 있다면 구체적으로 어떤 부분에서 의미가 되었나요?

_____

_____

_____

_____

2. 성서를 읽고 현재의 내 삶에서 바꿔야 할 부분을 발견하셨나요? 그렇다면 그것을 바꾸기 위한 구체적인 노력을 위해 필요한 것은 무엇일까요?

_____

_____

_____

_____

7강 이스라엘의 역사와 예언자 이야기

7강 이스라엘의 역사와 예언자 이야기

들어가는 말

어려운 시기에 위기를 극복하는데 앞장섰던 지도자나 지식인들을 "시대의 예언자"라고
도 부른다. 그렇다면 성서에서 예언자의 역할과 활동, 그리고 그 시대에 백성들에게 어떤
의미가 되었는지 살펴보자. 우리는 계속해서 구약성서 이야기를 살펴보고 있다. 오늘은 이
스라엘의 역사 속에 중요한 역할을 했던 예언자에 대해서 알아보자. 구약성서에서 이스라
엘에 왕이 있기 이전에 지도자 역할을 담당했던 존재가 있다. 바로 "사사"다. 구약시대에
사사는 왕이 세워지기 전에 이스라엘이 어려움을 겪을 때 하나님께서 세운 일꾼을 지칭한
다. 사사는 오늘날의 재판관이나 군사 및 정치의 지도자 역할을 담당하는 사람이다. 사사
는 주로 군사적, 정치적 영역에서 활동했다. 대표적인 인물로는 기드온, 삼손, 입다, 옷니
엘 등이 있다. 하지만 이스라엘 백성들은 왕을 원하게 된다. 당시 예언자인 사무엘은 이스
라엘의 첫 번째 왕으로 사울을 왕으로 세운다(사무엘상 12:1-15). 이후 이스라엘은 사무
엘이 아니라 사울 왕이 다스렸다. 이후 사무엘은 이스라엘의 통치권을 사울에게 이양한다.
이것은 표면적으로 사사 제도가 실패한 것으로 보이지만, 왕을 요구한 이스라엘 백성들이
하나님의 통치에 대한 반대와 불순종으로 볼 수 있다.

왕의 역할 및 권한

이렇게 세워진 왕의 역할과 권한은 지금의 왕권국가에 비하면 다소 제한적이다. 이스라엘의 왕은 예언자에 의해 임명되거나 폐위될 수 있었다. 그리고 왕은 종교적 임무가 아니라 이스라엘 백성이 원하는 대로 군사적 임무로 제한되었다. 다만 왕이 군사적 임무로 제한되어 있지만 전쟁의 선포는 왕의 권한이 아니라 종교 지도자의 권한에 있었다. 왜냐하면 왕의 통치는 하나님의 법에 근거해야 하기 때문이다. 그러나 왕은 점차 자신의 왕권을 점차 강화시켜 예언자의 조언에 대해 거부하거나 무시하는 일도 벌어지게 된다. 결국 왕권의 강화는 백성에 대한 억압과 착취로 세워진다.

예언자의 등장

이제는 예언자에 대해서 살펴보겠다. 예언자의 사전적 정의는 "미래의 일을 미리 말해주는 사람"을 말한다. 그런데 성서에서의 예언자는 또 다른 의미가 있다. 그것은 "신의 이야기를 듣고 전해주는" 메신저의 역할이다. 그런데 성서 시대의 정치와 종교가 일치된 사회에 대해 한 번 고민을 해 볼 필요가 있다. 우선 대한민국의 국교는 있을까? 통일신라시대와 고려시대의 국교는 불교였다. 그렇다면 현재 대한민국의 국교는 무엇일까? 놀랍게도 우리나라의 국교는 없다. 국교가 없다는 것은 종교의 자유가 그만큼 잘 작동하고 있다는 뜻일 것이다

성서 시대는 현재와 달리 정치와 종교가 일치되는 "정교일치 사회" 혹은 제사(예배)와 정치가 일치되는 "제정일치 사회"였다. 이런 사회는 종교가 정치를 지배하는 경우를 말하는 것으로, 고대 사회에서 주로 볼 수 있던 정치 형태다. 이렇게 종교 집단이 나라를 다스리게 되면 종교는 권력에 빠지게 되어 자연스럽게 쇠퇴하게 된다. 주술이나 미신, 접신으로 나라를 이끈다면, 또한 종교가 정치와 가까이 할수록 순수함을 잃어버리게 되는 경향이 강하다.

예언자의 의미와 역할

성서에서 말하는 예언자에는 두 가지의 의미를 갖고 있다. 첫 번째 의미는 "미래 일을 말하는 자"를 지칭한다. 이 정의는 예언자 본연의 역할을 잘 드러내는 것으로 보인다. 그래서 예언자는 미래에 벌어질 일들을 신에게 듣고 백성들 앞에서 잘못으로부터 돌아오는 촉구

의 메시지를 전달하거나, 악을 행한 자들에게 회개할 것을 말하는 일들을 주로 하였다.

그런데 예언자는 "미래 일을 말하는 자"의 의미 말고, "다른 사람의 말을 전달하는 자"의 의미도 담고 있다. 이렇게 예언자가 미래의 일을 말하기도 하지만, 다른 사람의 말을 전달하는 의미를 강조하는 히브리어가 있다. 바로 "나비"라는 단어다. 그렇다면 구약시대의 예언자들의 사례들을 중심으로 살펴보면서 이 시대에 필요한 예언자 정신의 적용할 부분을 고민해 보자.

이스라엘의 첫 번째 왕 사울의 불순종

예언자 사무엘에 관한 내용은 구약 성서 "사무엘 상"에 실려 있다. 사무엘은 자녀를 낳지 못하는 어머니 한나의 기도에 대한 응답으로 태어났다. 어머니 한나는 이렇게 태어난 사무엘을 야훼께 감사하는 마음으로 제사장 엘리에게 맡기고 성장하게 된다. 이후 소년 사무엘은 제사장 엘리 가문의 몰락에 대한 내용을 계시를 받았다. 사무엘 어른이 되어 백성을 이끌게 되었을 때, 이스라엘의 장로들이 왕을 세워달라는 요구를 했다. 하지만 사무엘은 분노하며 거절을 했다. 하지만 야훼는 사무엘로 하여금 사울에게 기름을 부어 왕으로 세우도록 했다.

정치지도자 사울을 비판했던 예언자 사무엘

이렇게 왕으로 세워진 사울은 암몬과의 전쟁에서 승리를 하며 왕의 위치를 확고하게 세웠다. 이후 사무엘은 다시 일상으로 돌아가지만, 사울의 불순종의 이야기를 듣고 야훼께서 사울을 왕으로 인정하지 않는다고 선포했다. 이후 다윗이 사울의 뒤를 이어 왕이 된다.

그렇다면 사울이 어떤 잘못을 저질렀기에 사무엘에 의해 비판을 받게 되었을까? 사무엘 상 13장-15장에 사울의 불순종에 대해 자세히 기록되어 있다. 첫 번째 불순종은 예언자 사무엘을 기다리지 않고 직접 번제를 드린 것이다. 블레셋이 군대를 이끌고 이스라엘을 침공하자 군대를 출정하기 위해 예언자의 응답을 기다려야 하지만, 사무엘의 도착이 늦어지자 사울은 자신이 직접 야훼께 번제를 드리고 전쟁에 나갔다. 사무엘은 사울의 불순종에 대해 질책하며 그의 왕권이 끊어지게 될 것이라고 말한다.

사무엘이 사울에게 말하였다. "해서는 안 될 일을 하셨습니다. 주 하나님이 명하신 것을 임금님이 지키지 않으셨습니다. 명령을 어기지 않으셨더라면, 임금님과 임금님의 자손이 언제까지나 이스라엘을 다스리도록 주님께서 영원토록 굳게 세워 주셨을 것입니다" (사무엘상 13:13)

그런데 사울은 또 한 번 더 불순종을 하게 된다. 결과적으로 사울은 이 불순종으로 인해 왕에서 폐위를 당하게 되었다. 그 두 번째 불순종은 아말렉과의 전쟁에서 벌어진 사건이다. 야훼는 아말렉과의 전쟁에서 아무것도 남기지 말라고 명령했다. 하지만 사울은 자신의 승리를 기념하기 위해 전쟁터의 전리품을 갖고 돌아왔다. 사울의 두 번째 불순종을 본 결국 사무엘은 "순종이 제사(예배)보다 낫다"고 말했다. 이 사울의 모습에 야훼 역시 사울을 왕으로 세운 것을 후회한다며 그의 불순종을 지적했다. 구약성서의 사무엘상에서는 이 모습을 다음과 같이 기록했다.

사무엘이 나무랐다. "주님께서 어느 것을 더 좋아하시겠습니까? 주님의 말씀에 순종하는 것이겠습니까? 아니면, 번제나 화목제를 드리는 것이겠습니까? 잘 들으십시오. 순종이 제사보다 낫고, 말씀을 따르는 것이 숫양의 기름보다 낫습니다.

거역하는 것은 점을 치는 죄와 같고, 고집을 부리는 것은 우상을 섬기는 죄와 같습니다. 임금님이 주님의 말씀을 버리셨기 때문에, 주님께서도 임금님을 버려 왕이 되지 못하게 하셨습니다." (사무엘상 15:22-23)

이 사건은 아무리 야훼가 세운 왕이라도 불순종의 결과는 비극임을 보여준다. 이렇게까지 해야 한 이유는 당시 사회가 신정사회였기 때문이다. 이제 사울의 뒤를 이어 왕이 된 다윗에 대해 알아보자

우리야 장군의 아내 밧세바를 범한 다윗

예수를 "다윗의 자손"으로 부르는 것을 보면 다윗은 이스라엘 최초의 성공한 왕으로 보인다. 우선 다윗은 "다윗과 골리앗"이라는 주제로 널리 알려진 인물이다. 다윗은 전쟁에

서 골리앗을 죽이게 되고, 이로 인해 이후에 다윗은 사울의 뒤를 이어 이스라엘의 왕이 된다. 그런데 다윗은 사울에 의해 많은 어려움을 겪었다. 사울왕은 자신보다 더 백성들의 사랑을 받는 다윗을 질투하여 몇 번이나 죽이려고 했다. 하지만, 다윗은 사울에 대한 복수를 하지 않으며 사울을 죽이지 않았다. 결국 사울은 길보아에서 죽게 되고, 다윗은 헤브론에서 왕으로 즉위하게 된다.

> 내 아버지 다윗이 이스라엘의 하나님 여호와의 이름을 위하여
>
> 성전을 건축할 마음이 있었더니
>
> 여호와께서 내 아버지 다윗에게 이르시되
>
> 네가 내 이름을 위하여 성전을 건축할 마음이 있으니
>
> 이 마음에 네게 있는 것이 좋도다.
>
> (열왕기상 8:17-19)

왕으로 즉위한 다윗은 이스라엘 백성의 종교적인 상징인 언약궤를 예루살렘으로 옮겨 신앙의 중심을 바로 세우고자 하였다. 다윗은 야훼를 위해 성전을 건축하고 싶었다. 그러나 예언자 나단에 의해 그의 아들 솔로몬이 지을 것이라는 예언을 듣고 순종했다(열왕기상 8:17-25). 그런데 이런 다윗 역시 나약한 인간임을 보여주는 사건이 벌어졌다. 다윗은 자신의 장군인 우리아를 죽이고 그의 부인 밧세바를 겁탈하는 죄를 범하였다. 결국 다윗에 의해 죽음을 당하게 된 우리아의 소식을 들은 밧세바는 슬퍼했다. 그러나 다윗은 애도하는 기간이 지나자 사람을 보내 밧세바를 궁으로 데려왔고, 그렇게 밧세바는 다윗의 아내가 되었다. 이런 다윗의 행동은 매우 악한 일이 아닐 수 없다(사무엘하 11:6-27)

"당신이 바로 그 사람!!" 장군의 아내를 빼앗고 아내로 삼은 다윗을 향한 나단의 예언

결국 나단은 이런 죄악에 대해 찾아가 다윗왕의 잘못을 지적했다. 예언자 나단은 다윗왕에게 가서 어떤 성읍에 부유한 사람과 가난한 사람이 살고 있는데 부유한 자가 가난한 자의 한 마리 양을 빼앗다가 자신의 손님을 대접하느라 죽였다고 말합니다. 그러자 이 말을 들은 다윗왕은 매우 분노하며 그런 일을 한 사람은 죽어야 한다고 말합니다. 그러자 나

단은 "당신이 바로 그 사람!"이라며 지적한다. 나단의 지적에 다윗은 바로 잘못을 인정하며 회개를 한다. 하지만 다윗은 잘못에 대한 분명한 벌도 받게 된다.(사무엘하 12:1-10)

사무엘하 12장

1. 여호와께서 나단을 다윗에게 보내시니 그가 다윗에게 가서 그에게 이르되 한 성읍에 두 사람이 있는데 한 사람은 부하고 한 사람은 가난하니

2. 그 부한 사람은 양과 소가 심히 많으나

3. 가난한 사람은 아무것도 없고 자기가 사서 기르는 작은 암양 새끼 한 마리뿐이라. 그 암양 새끼는 그와 그의 자식과 함께 자라며 그가 먹는 것을 먹으며 그의 잔으로 마시며 그의 품에 누우므로 그에게는 딸처럼 되었거늘

4. 어떤 행인이 그 부자에게 오매 부자가 자기에게 온 행인을 위하여 자기의 양과 소를 아껴 잡지 아니하고 가난한 사람의 양 새끼를 빼앗아다가 자기에게 온 사람을 위하여 잡았나이다 하니

5. **다윗이 그 사람으로 말미암아 노하여 나단에게 이르되 여호와의 살아 계심을 두고 맹세하노니 이 일을 행한 그 사람은 마땅히 죽을 자라**

6. 그가 불쌍히 여기지 아니하고 이런 일을 행하였으니 그 양 새끼를 네 배나 갚아 주어야 하리라 한지라

7. **나단이 다윗에게 이르되 당신이 그 사람이라** 신이 그 사람이라 이스라엘의 하나님 여호와께서 이와 같이 이르시기를 내가 너를 이스라엘 왕으로 기름 붓기 위하여 너를 사울의 손에서 구원하고...

이 사건은 예언자의 책임과 의무를 보여주는 것으로, 아무리 왕이라도 잘못했을 경우에는 왕의 잘못을 질책하는 역할을 담당했던 것을 알 수 있는 장면이다. 이 외에도 성서에는 다양한 예언자들의 이야기를 볼 수 있다. 사울왕의 불순종을 비판했던 사무엘은 '순종이 제사보다 낫다'며 모든 인간은 율법 앞에 평등하다고 강조했다. 나단은 자신의 부하를 죽이고 그의 아내를 빼앗은 다윗왕을 비판했다. 엘리야 역시 아합왕의 예언자와 백성을 억압하는 것을 향해 거침없는 비판하는 모습을 볼 수 있다.

어느 시대에나 백성을 힘으로 억압하는 지도자가 있으며, 자신의 집단만을 위한 정치를 하고, 모든 권력을 가지고 있으면서도 악한 궁리만 하는 엘리트 집단, 법을 공의로 처리하지 않고 오직 자신들의 이익만을 위해 가난한 자들의 소송은 외면하고 백성들을 괴롭히는 불의한 법을 제정하는 재판관들, 심지어는 잘못된 야망에 빠진 종교인들로 인해 사람들의 희망을 짓밟는 슬픈 일까지도 벌어질 수 있다. 이런 현실 속에서 정치지도자, 사회 지도층, 파워 엘리트, 종교와 윤리를 향한 비판을 할 수 있는 시대의 예언자는 필요하지 않을까?

고민해 봅시다

1. 사회 현상에 대해 고민하고 있는 것이 있다면 무엇인가? 그리고 그 고민을 왜 갖게 되었고, 어떻게 해결되면 좋을까?

_____

_____

2. 성서의 예언자처럼 현재 사회의 현상 중 사람들의 변화를 일으키고 싶은 내용이 있는가? 있다면 어떤 방식으로 해결하고 싶은지 발표해 봅시다.

_____

_____

3. 내가 만약 예언자라면 현재의 대한민국의 문제와 현안, 그리고 정치 지도자, 파워엘리트, 권력자들을 향해 외치고 싶은 메시지를 한 번 만들어 봅시다.

_____

_____

4. 바람직한 지도자 상은 무엇일까?

_____

_____

8강 신약성서의 배경과 형성

신약성서의 배경과 형성

8강

들어가는 말

이제 구약성서의 이야기를 끝내고 신약성서에 대해서 알아보자. 구약과 신약은 연속성이 있지만 내용에 있어서 차이는 크다. 우선 기원전(B.C.)와 기원후(A.D.)에 대해서 알아보겠다.

우리가 평소에 자주 사용하는 "서기"라는 단위는 "예수가 태어난 해를 원년으로 삼는 서양 달력"에 근거를 둔 것이다. 예수가 오기 전을 의미하는 "기원전"은 (Before Christ; B.C.)로 표기한다. 그렇다면 예수가 온 이후를 의미하는 "기원후"는 어떻게 표기할까? 답은 A.D.이다. 그런데 기원후를 의미하는 A.D.는 라틴어로 "Anno Domini"(주님의 해)라고 부른다. 즉, 예수가 태어난 해를 원년으로 삼는 표기법이다. 하지만 이렇게 종교적 의미가 강한 연도 표기법에 대한 거부감을 줄이고자 새롭게 기원전을 "BCE(Before Common Era; 서기전)"으로, 기원후를 "CE"(Common Era; 서력기원)으로 표기하기도 한다. 하지만 그간 익숙한 표현의 "B.C."와 "A.D."를 사용하는 경우가 많다.

기원전과 기원후를 예수의 탄생과 연결하여 사용하듯이 구약성서와 신약성서 역시 예수를 기점으로 구분하여 예수가 오기 전의 성서를 "구약"으로, 예수가 온 이후의 성서를 "신약"이라고 사용한다. 이를 정리해 보면 구약은 Old Testament, 신약은 New Testament로 표기한다. 그렇다면 신약성서에 영향을 준 사상은 무엇일까? 신약성서는 그리스-로마의 정치, 사상, 문화, 종교, 사회의 영향을 많이 받았다. 당시 이스라엘은 로마의 통치를 받았기 때문이다. 그것을 다시 말하면 "헬라문화"라고 할 수 있다. 조금 더 세부적으로 다루면 "헬라문화", "유대교", "구약성서"로 구분할 수 있다.

그렇다면 세부적으로 살펴보자. 헬라문화를 보통 "헬레니즘(Hellenism)이라는 단어로 표시한다. 대표적인 헬라문화에는 첫째, **'헬라화 된 도시'**, **'코이네 헬라어'**, **'종교적 혼합주의'**가 있다.

첫 번째는 헬라식으로 건설된 도시에는 대표적으로 '아고라', '신전', 극장', '학교'가 있다. 여기서 "아고라"는 물리적 장소를 지칭하는 것 뿐 아니라, '사람들의 모임'도 그 의미를 담고 있다. 당시 그리스인들은 일상적인 활동이나 정치적 활동 및 행사, 심지어는 재판과 사람들과의 만남, 그리고 상업적인 활동 모두를 '아고라'라고 불렀다. 아고라의 용도는 다양했는데, 대중 집회의 장소를 의미하기도 했다. 또한 재판이나 연설, 또는 중요한 일에 대한 의사결정도 함께 이뤄진 곳이다. 또한 '아고라'는 연극무대나 운동장, 심지어는 회의 장소 뿐 아니라 예술, 정치적인 중심지였다. 또한 '자유민 남성'들은 아고라에서 전쟁을 위한 국방의 모임, 또는 왕이나 의회의 사람들의 연설이나 통치의 발언들을 듣곤 했다. 그래서 고대 아테네는 도심의 중심지에 아고라를 위치했다. 이처럼 아고라는 직접 민주주의의 상징적 장소로, 민주주의의 대표적인 곳으로 활용되었다.

극장은 조금 의외로 보일 것이다. 원형으로 된 극장에서는 주로 비극의 작품들이 무대에 올랐다. 지금도 사랑받는 고전의 대부분은 비극의 작품이다. 이유는 분명하다. 비극은 교훈의 목적을 담고 있기 때문이다. 그래서 사람들에게 악을 행하는 자에게 주어지는 비극을 통해 선을 행하도록 하려는 교육적인 목적도 있는 것이다(물론, 일반화의 오류에 빠질 가능성도 있긴 하다)

두 번째는 "코이네 헬라어"다. 언어가 문화를 지배한다는 말이 있다. 그래서 헬라문화의 언어는 "헬라어(Greek)"다. 헬라어는 영어와 비슷한 표기로 보인다. 그런데 그들이 사용했던 헬라어는 코이네 헬라어다. 이 코이네 헬라어는 시장과 같은 곳에서 사용하는, 말 그대로 대중적인 헬라어다. 그래서 신약성서는 당시 가장 보편화 된 헬라어로 기록되었다.

세 번째는 "종교적 혼합주의"다. 당시 로마는 전 세계에 영향을 끼치고 있었다. 그러다 보니 각 지역의 종교에 대해 다소 관용적인 정책을 취했다. 그래서 그들의 종교를 인정해 주는 경우가 있었다. 하지만 가장 중요한 것은 바로 로마 황제에 대한 숭배를 강조했다는 것이다. 로마의 황제는 신이자 신의 아들이며, 또한 주인이자 구원자로 강조되었기 때문이다. 그러나 예수의 제자들과 유대인들은 야훼에 대한 신앙을 황제 숭배와 동일시하기 어려웠다. 이런 거부감은 헬라와 정책에 대한 반응으로 고스란히 드러나게 된다.

헬라화 정책에 대한 반응

헬라 문화에 동화 / 헬라 문화를 완강하게 거부 / 헬라문화 속에서 유대문화 변증

헬라 문화에 동화

헬라화 정책에 대한 반응에 대해서 알아보자. 로마의 영향력으로 인해 헬라의 문화가 유입되자 다양한 반응이 나타나게 되었다. 헬라 문화에 동화되거나, 헬라의 문화를 완강하게 거부하는 것, 또는 헬라 문화 속에서 유대의 문화를 변증해 나가는 것이었다. 이런 반응은 일제 강점기 시절 우리나라에서도 비슷한 결과를 가져왔다. 일본이 조선을 지배하자 사람들은 일본의 지배에 순응하며 살아갔다. 심지어는 일본어를 쓰거나, 이름을 일본식으로 바꾸기도 하였다. 하지만 일본의 강제적인 지배에 완강하게 거부하며 자신의 재산을 팔아 항일 독립운동에 동참한 사람들도 늘어났다. 하지만, 일본에 순응하거나 독립운동을 하기 어려운 부류의 사람도 있었다. 이들 중 일부는 '말모이' 영화에서처럼 일제에 의해 우리말 사용이 금지되자 우리의 말을 지키기 위해 우리말 사전을 만들기도 했던 사람들이다. '말모이' 영화는 우리말을 지키려다 탄압을 받은 '조선어학회 사건'을 기반으로 만들었다. 이처럼 외세의 억압 속에서 유대인들의 헬라화 정책에 대한 반응은 일제 강점기 시절 우리의 역사와 별반 차이가 없어 보인다.

헬라 문화를 완강하게 거부

이런 반응들 중 완강하게 거부했던 유대인들이 있다. 이들은 최후까지 로마에 항쟁을 위해 마사다에 모였다. 로마에 항거하던 유대인 저항군은 결국 로마의 공격으로 인해 패배가 임박하자 포로가 되지 않기 위해 자살을 선택하였다. 현재 이곳은 이스라엘의 국립공원으로 지정되어 유대인들의 독립에 대한 염원을 기억하는 장소가 되었다. 그런데 이곳에서 로마에 항쟁한 사람들은 유대인 열심당원(Zealot) 사람들로 900여명이 마사다 요새로 피해 로마에 저항을 했다.

로마군단은 마사다의 험난한 지형 때문에 로마는 장장 3년 동안 쌓은 토성을 통해서 마사다 요새를 점령할 수 있었다. 이로써 마사다의 수비벽이 무너지고 로마군단의 진격이 확실시되자 지도자 벤야이르는 로마군에 잡혀서 온갖 수모를 겪느니 자유인으로서 영광되게 죽기를 결심한다.

각 가족의 가장들은 사랑하는 아내와 자식들을 직접 칼로 찔러 죽인 다음 모든 남자들이 한 자리에 모여 열 명을 추첨하고 그들이 나머지 사람들을 죽이고 다시 한 명을 뽑아 아홉 명을 죽인 후 그도 최후로 자결하였는데, 요세푸스의 유대전쟁사에 의하면 노파 1명, 어린이 5명, 엘리아벤 야이르의 친척 노인 1명 등 모두 7명 만 생존하는 슬픔의 이야기가 전해진다.

유대교의 4대 종파

이제 유대교에 대해서 알아보자. 유대교는 유대인들의 종교다. 유대교는 바벨론에서 돌아와 성전을 중심으로 새롭게 확립한 종교로, 바리새파의 영향력이 큰 것으로 보인다. 여기서 잠깐, 유대교의 4대 분파에 대해서 알아보자. 유대교는 크게 바리새파, 사두개파, 에세네파, 열심당원으로 나눌 수 있다.

1) 바리새파

바리새파는 유대교의 분파 중 가장 영향력을 갖고 있는 것으로, 부활을 믿으며, 천사의 존재를 부정하지 않으며 율법을 철저하게 지키며 산다. 이들은 일반 백성들 사이에서 율법을 해석해서 알려주는 일들을 했다. 또한 율법을 철저하게 연구하고 분석하는 것에 그치지 않고 그대로 행하며 살기위해 노력했던 사람들이다. 그래서 이들은 일반 백성들 사이에서 율법에 대한 문제를 해결해 주며 그들의 삶에서 많은 영향력을 끼치는 사람들이었다. 이들은 율법을 연구하는 역할을 했기 때문에 율법을 가장 우선적으로 여기며 살았다.

2) 사두개파

사두개파는 유대교의 분파 중 가장 부유한 계층으로, 성전 지배세력이었다. 이들은 부활이나 천사의 존재를 믿지 않았으며, 성전 중심으로 활동을 했다. 이들은 부를 누리는 권력층으로, 성전 중심의 권력을 세습하여 지속적인 권력과 재물을 유지할 수 있었다. 바리새파가 동네에서 훈장을 하는 사람들이라면, 사두개인은 조선시대의 성균관과 같은 공식 기관에서 큰 영향력을 끼치는 부류의 사람들로 볼 수 있다. 이처럼 사두개인은 바리새인과 전혀 다른 입장이기 때문에 서로 적대적인 관계를 형성하고 있었다. 하지만 물과 기름 같은 두 집단이 함께 의기투합을 한 것이 있다. 바로 예수를 잡아 죽이는 일이었다. 바리새인과 사두개인들에게 예수는 자신들의 영역을 침범하는 공격자며 파괴자로 오해했기 때문이다. 결국 예수는 이들에 의해 "유대인의 왕"이라는 죄명으로 십자가에서 죽게 되고, 사흘 후 부활하게 된다.

3) 에세네파

에세네파는 순결한 삶을 위해 청빈과 금욕적 삶을 살던 사람들이다. 이들은 오늘날의 수도원 사람들처럼 경건과 청빈을 중요하게 여겼던 사람들로 바리새파와 비슷하게 모세의 율법을 중시 여기며, 안식일과 정결례를 철저하게 지키려고 노력했다. 다만 바리새파와는 달리 육체의 부활을 인정하지 않았다. 이후 1950년대 쿰란 근처에서 발견된 사해사본(사해 두루마리)이 에세네파 사람들의 기록물인 것으로 밝혀졌다.

4) 열심당원(셀롯당)

마지막 분파인 열심당원에 대해 알아보자. 열심당원은 셀롯당(Zealot)으로, 로마 제국의 통치에 무장 혁명으로 맞서야 한다고 주장한 민족주의 정치 분파였다. 이들은 로마를 지지하는 이스라엘의 정권과 사람들을 거부하며 폭력적인 성향과 공격적인 태도를 유지했다. 이들의 테러 활동은 주로 지배 계급에 협조하는 특권층 뿐 아니라 같은 유대인이라도 로마 권력자와 친밀하게 지내는 사람들을 경멸하며 공격 대상으로 삼았다. 또한, 로마 제국에 협조하던 대제사장까지 공격할 정도로 급진적이며, 무장 혁명 운동을 주도했다. 이들은 AD 60-70년에 걸친 유대인의 반란으로 일어난 1차 유대-로마 전쟁에서 중요한 역할을 맡았다. 그러나 66년에 장악한 예루살렘에서 4년간 저항했으나, AD 70년에 로마 군이 예루살렘을 함락하고 성전을 파괴하면서 셀롯당의 저항은 막을 내렸다(참고로 스타크래프트의 질럿이 열심당원의 영어식 표현)

수업을 마치며

지금까지 로마의 지배하에 있던 이스라엘의 다양한 분파에 대해서 살펴봤다. 당시 헬라 문화에 대한 3가지 반응을 보면, 일제 강점기 시절 당시 조선에서 일본의 식민지 사관에 대한 반응을 추측할 수 있을 것이다. 만약 우리가 다른 나라에게 주권을 빼앗기게 되어 강제로 우리의 문화를 상실하게 되었을 때 우리는 어떤 행동을 취할 수 있을까? 2천년 전, 로마에 의해 지배를 받던 유대인들의 모습이 현재 지구촌 어디에선가는 반복되고 있지는 않을까?

고민해 봅시다

1. 내가 만약 2천년 전 로마의 지배를 받던 이스라엘에서 태어났다면 어떤 태도를 취했을까?

_____

_____

_____

2. 나의 개인적인 성향을 되돌아 본 후, 이스라엘의 4개 종파 중 어떤 분파를 선택했을까?

_____

_____

_____

3. 만약 일제 강점기 시절로 돌아가 일본의 지배하에 있다면 나는 어떤 선택을 했을까?

_____

_____

_____

9강 **건강한 자아개념**

건강한 자아개념

"너 자신을 알라" "나는 행복한가?"

우리는 고대 철학자 소크라테스의 "너 자신을 알라"는 말을 익숙하게 듣는다. 하지만 그 말대로 "나는 내 자신을 잘 파악하고 알고 있을까?" 우선 '자아개념'은 나는 누구인가에 대한 질문으로부터 시작한다.

심리학의 관점에서 볼 때 우리는 다른 사람의 모습을 통해 나를 발견하는 '거울단계'를 통하게 된다. 거울 단계는 라깡(Jaques Lacan)의 이론인데, 거울에 비친 나의 이미지를 자신과 동일시하여 자아가 형성되는 과정을 설명하는 것이다.

이런 단계는 어릴 적 읽었던 위인전을 통해 '나도 이런 사람이 되고 싶다'라는 결정에서 발견할 수 있을 것이다. 그러므로 지금의 내 모습에 영향을 준 사람들을 닮아가고 있는 것은 아닐까?

그런데 우리가 일상생활에서 촬영하는 셀카 촬영을 통해서도 경험할 수 있다. 나의 모습을 촬영하면서 내 얼굴을 들여다 볼 수 있으며, 또 한 편으로는 나는 누군가에게 어떤 모습으로 보

일까를 고민할 수 있을 것이다. 그런데 이것을 다시 생각해 보면 우리는 끊임없이 타인을 의식하며 살아간다는 것을 발견할 수 있을 것이다.

이것을 다시 말한다면 자기 자신은 타인의 시선을 염두에 두고 산다는 의미일 것이다. 이것을 "개념적 자아"라고 한다. 이것을 풀어서 말하면 "자기 자신에 대한 타인의 시선"라고 말할 수 있다. 그래서 우리는 내 맘대로 사는 것이 아니라 타인의 시선에 대한 것을 고민하면서 살아가고 있는 셈이다. 물론 그렇지 않은 경우도 있지만...

"여러분은 행복하신가요?"

2023년 통계에 따르면 "세계행복의 날(3월 20일)"을 맞아 발간된 세계행복보고서에 한국의 행복 수준이 5.951점으로, 계속 상승곡선을 그리고 있지만 137개국 가운데 57위를 차지했다. 행복을 평가하는 기준을 보면 '삶의 만족도', 혹은 '긍정적 감점'이 중요한 요소다. 그런데, 이런 행복에 대한 요소 중 긍정적 결과에 대한 기대와 확신을 의미하는 '낙관성'이 있다. 우리는 같은 상황에 봉착하더라도 그것을 비관적으로 보거나, 혹은 낙관적으로 보는 사람들을 만날 수 있다. 낙관성은 현실의 상황과 관계없이 긍정적 결과를 기대하고 확신하는 것을 말한다. 그러나 처음부터 이렇게 낙관성을 높게 갖고 있는 사람을 만나는 것은 쉽지 않다.

탄력성

회복, 저항, 재형상화

누구나 처음부터 낙관성을 갖고 싶겠지만 그것은 일종의 훈련도 필요하다. 그 중에 중요한 부분은 바로 "탄력성"이다. 외부로부터 자극이 주어질 때 압력으로 인해 원형이 훼손된다. 마치 축구공을 발로 차면 그 순간 공이 찌그러지지만, 공은 곧바로 탄력성으로 인해 다시 원형으로 돌아간다.

또한 외부로부터 주어지는 자극에 대해 저항하는 에너지도 필요하다. '무조건 반사'라고 들어봤는가? 이것은 의자에 앉아 무릎을 나무망치로 일정 수준 이상이 압력을 가해지면 무릎이 자동으로 위로 올라가는 반사작용이 일어나게 되는 것을 발견할 수 있다. 이것 역시 일종의 저항으로 볼 수 있다. 외부로부터 주어지는 자극에 순응하는 것도 있겠지만, 그것을 이겨내기 위한 저항을 통해 극복하는 것도 바람직 할 것이다.

다음은 "재형상화"다. 이것은 원래 갖고 있는 원형이 외부의 압력으로 인해 다른 형태로 변할 수 있다는 것으로, 달리기를 하다 넘어졌을 때 무릎이 까지면 그 위에 딱지가 생기고, 이후 그것이 흉터로 변하게 된다. 이 흉터는 일종의 재형상화의 모습인 셈이다.

우리는 어떤 일을 하게 될 때 능숙하게 해내는 '고수'가 되고 싶을 것이다. 하지만 우리가 회사에 취업을 한 후 처음부터 일을 잘할 수 있는 사람은 거의 없다. 그러나 수많은 실수를 극복하며 숙련하게 되면 비로소 실수를 줄여나가게 될 것이다. 그래서 '**고수는 수많은 실패 데이터를 갖고 있는 사람이다**'라는 말이 있는 것은 아닐까? 살다보면 실수할 때도 있다. 그러나 그 실수로 인해 좌절하고 포기하는 것이 아니라 그것을 극복하고 이겨내기 위해 도전하면 처음의 모습은 새롭게 바뀔 것이다. 그러므로 역경 속에서 포기하지 않고 도전한다면 우리는 분명 지금과는 다른 성숙한 사람이 될 수 있지 않을까? 다만, 우리는 각기 다른 모습을 갖고 있음을 기억해야 한다. 왜냐하면 누군가의 성공 사례가 나에게도 성공사례가 된다는 보장은 없기 때문이다. 누군가의 것을 그대로 따라하지 말고 내가 할 수 있는 것, 내가 좋아하는 것을 발견하기 위해 노력하면서 나만의 것을 만들어 갈 필요가 있다.

이번에는 자율성에 대해서 알아보자. 우리는 누가 강제로 시킨 일을 하는 것을 즐겁게

생각하는 경우는 많지 않을 것이다. 내가
하고 싶은 일을 선택해서 알 수 있다면 그
것도 행복한 일이지만, 누가 시키는 일도
행복하게 할 수 있다면 그것 역시 멋진 일
이 될 것이기 때문이다.

2016년 8월 27일, 대전시청자미디어센
터에서 장항준 감독을 만난 적이 있다. 당시 홍미애 센터장과 함께 셋이 차를 마시며 이야
기를 나누었다. 이런저런 이야기를 나누다 저에 대한 이야기를 들은 감독은 갑자기 '저와
같은 과이신데요?'라고 말했다. 나는 그 말에 놀라며 왜 그런지 이유를 물었다. 그런데 장
항준 감독의 대답에 수긍했습니다. 바로 "재미과"라는 것이었다. 처음에 그 "재미과"의 의
미를 몰랐다. 그런데 감독님과의 만남 이후 진행된 강연에서 그 이유를 알 수 있었다. 당시
강당에는 400명 정도의 학생들이 참석했다. 강연이 진행되면서 학생들은 웃음을 그치지
않으며 집중했다. 어느덧 강연의 끝이 오자 감독님은 학생들을 향해 이렇게 말했다.

"애들아 궁금한 것 있으면 다 물어봐. 내가 다 답해줄게~"

장항준 감독의 이런 대답에 여기저기서 학생들은 연봉이 얼마인지와 같은 다양한 질문
들이 이어졌다. 그런데 한 학생이 매우 의미심장한 질문을 던졌다.

"감독님!! 재미로 일하라고 하셨는데요, 재미있는 일을 어떻게 찾아야 하죠?"

나는 그 학생의 질문에 놀랐다. 정말 예리한 질문이었기 때문이다. 그런데 장항준 감독
은 잠시의 멈춤도 없이 한참 웃다가 이렇게 답을 했다.

"내가 돈을 내도 재미있는 일을 만나기 어려운 경우가 많을거야.
돈을 내고 학원에서 수업을 들으면서 재미있니? 아, 재미있는 이상한 경우도 있겠
구나? 하지만 대부분 재미없을거야. 그런데 100% 재미있는 일을 만드는 법을 알려

줄게. 그건 말이지...... 내가 하는 일을 재미있게 하면 돼. 그거면 행복하지 않을까?"

우문현답이었다. 우리는 항상 재미있는 일만을 찾지만 막상 시작해 보면 재미는 커녕 힘든 경우도 많다. 하지만 장항준 감독의 말처럼 하는 일을 재미있게 하면 언제나 재미있지 않을까? 이후 대전예술의전당에 인문학 콘서트 강의를 왔을 때 우연하게도 내가 촬영을 맡았다. 촬영을 위해 카메라를 설치하고, 무대 뒤 대기실로 가서 인사를 했다. 장항준 감독은 당연히 나를 알아보지 못했다. 하지만 대전시청자미디어센터에서 만난 같은 "재미과 허윤기"라고 말하자 바로 기억하면서 반갑게 인사를 나눴다. 장항준 감독은 천재가 맞다!!.

"행복은 무엇일까?"

행복은 무엇일까? 다들 행복하길 원하는데, 막상 행복이 무엇일까 물어보면 답을 하기가 쉽지 않다. 행복에 대한 인터넷의 사전적 정의는 "생활에서 기쁨과 만족감을 느껴 흐뭇한 상태"라고 나온다. 그런데 삶에서 매일 기쁨과 만족감을 느끼며 사는 사람은 얼마나 될까? 물론 전혀 없는 것은 아니겠지만, 생각보다는 많지는 않을 것이다. 이렇게 행복하지 못한 감정은 타인과의 비교로 인한 영향이 클 것이다.

"레드 오션" 이미 잘 알려져 있어 치열한 경쟁을 벌여야 하는 시장

전공을 정하거나, 진로를 결정할 때 수입이나 나의 적성에 맞는 것을 고민하기 마련이다. 이럴 때 보통 대기업이나 남들이 부러워하는, 혹은 인기 있는 직종을 선택하는 경우가 많다. 만약 그것이 정말 내가 좋아하는 일이라면 문제가 되지 않을 것이다. 그러나 단지 다른 사람들의 눈치를 보며 내린 결정이라면 그것이 나에게 진정한 행복의 길이 될 수 있을까? 그건 쉽지 않은 일일 것이다. 또한 이미 그 직종은 너무나 많은 사람들이 몰리는 "레드오션"일 가능성이 높다. 레드오션의 영역은 대부분 연봉이 높거나 대우가 좋은 직종일 가능성이 높다. 물론 내가 그런 직종을 좋아해서 도전한다면 큰 문제가 되지 않을 것이다. 그러나 단순히 연봉과 사람들의 평가 때문이라면 고민을 해 보길 바란다. 정말 내가 행복하게 일할 수 있는 직종을 찾아 도전을 한다면, 그 도전 자체로도 충분히 행복감을 느낄 수 있지 않을까?

토끼와 거북이의 경주 이야기는 너무나도 잘 알고 있는 이야기다. 토끼와 거북이가 달리기 시합을 하는 내용이다. 경기의 결과는 어떻게 되었는지 너무나 잘 알고 있다. 토끼가 경기 도중에 잠을 자게 되어 결국 느린 거북이가 먼저 결승전에 도착했다는 내용이다. 그런데 만약 토끼가 잠을 자지 않았다면 거북이가 토끼를 이길 수 없었을 것이다. 그런데 우리는 왜 경기를 토끼가 유리한 땅에서만 해야 한다고 생각할까?

"기울어진 운동장"이라는 말이 있다. 이 말은 처음부터 공정한 경쟁을 할 수 없는 상황을 일컫는 말이다. 어쩌면 대부분의 사람들은 누군가 만들어 놓은 기울어진 운동장에서 경기를 시작한다. 그렇다보니 불리한 조건으로 인해 좋은 결과를 얻기 쉽지 않을 것이다. 만약에 토끼와 거북이가 땅이 아니라 바다에서 경주를 했다면 어떤 결과가 나왔을까? 거북이는 바다에서 예상 밖의 빠른 속도로 수영을 한다는 사실을 알고 계신가? 자료에 따르면 거북이는 바다에서 시속 80Km까지 헤엄을 칠 수 있다고도 한다. 만약 토끼와 거북이가 바다에서 시합을 했다면 어떤 결과가 나왔을까? 아마도 토끼는 수영 자체를 하지 못할테니 거북이가 일방적인 승리를 거둘 수 있지 않았을까?

그런데 왜 육지에서만 경주를 하려고 할까? "레드오션"의 반대는 "블루 오션"이다. 블루오션은 현존하지 않거나, 혹은 잘 알려져 있지 않아 치열하지 않은, 그럼에도 앞으로가 기대되는 영역을 지칭하는 단어다. 이렇듯 우리는 누군가가 만들어 놓은 성공 공식에 함몰되어 치열한 전투현장을 자원하여 참전하는 경우가 많다. 어쩌면 학생들이 졸업 후 가고 싶어 하는 정규직 직종이 그럴 것이다. 그러나 그 정규직 직종의 업무량에 대해서는 정확히 알지 못하는 경우가 다반사다. 대학 교육의 성공 지표가 취업률이라면 대학은 "아케데미아"가 아니라 "직업훈련소"로 이름을 바꿔야 하는 것은 아닐까?

"플라톤의 아카데미아"

플라톤은 B.C. 387년 경 아테네에 아카데미아를 설립했다. 이것은 서양식 최초의 고등교육기관으로 철학과 함께 다양한 학문을 연구하는 교육장소다. 이곳에서 학생들은 이데아로, 윤리학, 정치철학, 수학, 천문학, 그리고 수사학과 천문학을 배울 수 있었다. 당시 교육의 목표는 건강한 민주시민 양성이었기 때문에 학문의 중심지로 그치지 않고 학문적 유산을 후대에 전하면서도 참된 지식을 가진 지도자를 양성하는 것에도 목적이 있었다. 그래서 지도자는 참된 지혜를 통해 국가를 통치해야 정의로운 사회가 실현될 수 있다고 본 것이다. 하지만 오늘날의 국가 지도자는 정의로운 사회가 아닌, 자신의 소속 정당이나 가족, 친인척의 사사로운 이익을 위해 정적을 제거하는데 혈안이 된 경우를 종종 볼 수 있다.

이제 마무리를 해야겠다. 우리는 기득권자가 설정해 놓은 '성공'이라는 기준에 다다르기 위해 모든 노력을 다한다. 하지만 성공한 누군가의 복제품처럼 되기 위해 살아가는 것이 아니라 내가 정말 행복하게 할 수 있는 일을 찾아 도전한다면 이미 성공한 삶으로 볼 수 있을 것이다.

"Be the Original, Not a Copy"

이제 강의를 마칠 때가 되었다. 나는 학생들에게 하나의 표어를 제시한다. 누군가의 복제품이 아니라 나만의 정체성을 지켜 나만의 삶을 살아가길 바라는 마음이다. 내가 정말 좋아하고 행복한 일이 무엇인지 발견하고, 그것을 잘 지켜나가는 삶, 다른 사람의 복제품이 아니라 오리지널 정품의 삶을 살아가기 위해 노력한다면 이미 그 삶은 성공한, 행복한 삶이 되지 않을까?

고민해 봅시다

1. 나에게 행복한 일은 무엇인가?

_____

_____

_____

2. 하고 싶지 않은 일을 해야만 할 때 나에게 스스로 응원할 수 있는 멘트가 있다면?

_____

_____

_____

3. 나는 행복한가? 그렇지 않다면 나를 응원할 수 있는 응원 구호를 만들어 보자.

_____

_____

_____

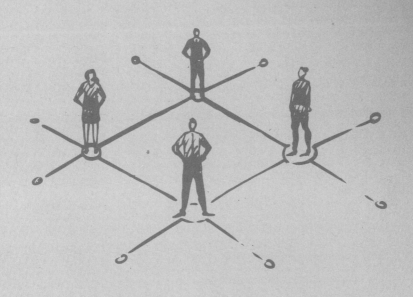

10강 사도행전, 교회의 시작

10강 사도행전, 교회의 시작

오늘은 예수의 죽음과 부활 이후의 이야기를 담고 있는 사도행전에 대한 내용이다. "사도행전"은 신약성경에서 다섯 번째로 나오는 책으로, 예수님의 부활로 시작된 교회와 그들에게 주어진 고난과 박해의 이야기를 다루고 있다.

그럼 교회는 어떤 곳일까? 그리고 교회의 본질은 무엇을 뜻하는 것일까? 대부분의 사람들이 '교회'를 이야기할 때 외형적인 건물을 떠올리기 쉽다. 하지만 교회는 단순히 건물을 의미하는 것이 아니다. 교회는 영어로 "Church"라고 한다. 그런데 헬라어로는 "$\dot{\epsilon}\kappa\kappa\lambda\eta\sigma\dot{\iota}\alpha$"라고 한다. 헬라어의 의미는 우리가 일반적으로 이해하는 것과는 조금 다르다. "$\dot{\epsilon}\kappa\kappa\lambda\eta\sigma\dot{\iota}\alpha$"는 $\dot{\epsilon}\kappa$(out of)와 $\kappa\alpha\lambda\dot{\epsilon}\omega$(calling)라는 두 단어가 결합된 형태로, '부름 받은 사람들'을 뜻한다. 즉, 교회란 건물이 아니라 사람들이라는 의미다.

이제 교회의 시작으로 돌아가 보지. 예수의 부활을 목격했던 제자들은 처음에는 두려움에 사로잡혀 숨어 있었다. 의외이지 않나? 이 사건은 사도행전 2장 1-4절은 다음과 같이 기록되어 있다.

1. 오순절 날이 이미 이르매 그들이 다 같이 한곳에 모였더니,

2. 홀연히 하늘로부터 급하고 강한 바람 같은 소리가 있어 그들이 앉은 온 집에 가득하며,

3. 마치 불의 혀처럼 갈라지는 것들이 그들에게 보여 각 사람 위에 하나씩 임하여 있더니,

4. 그들이 다 성령의 충만함을 받고, 성령이 말하게 하심을 따라 다른 언어들로 말하기를 시작하니라.

제자들은 오순절에 다락방에서 성령의 역사로 각기 다른 언어로 말하기 시작했다. 이것이 기독교에서 말하는 '방언'다. 오늘날의 방언은 주로 알아들을 수 없는 말을 뜻하지만, 이 당시 방언은 각 나라의 언어를 의미했다. 이 방언의 목적은 예수님의 부활 소식을 다양한 지역에 알리는 것이었다(사도행전 2:7-11).

7. 다 놀라 신기하게 여겨 이르되, "보라, 이 말하는 사람들이 다 갈릴리 사람들이 아니냐?

8. 우리가 각자 태어난 곳의 언어로 듣게 되는 것이 어찌 된 일이냐?" 하더라.

9. 우리는 바대인과 메대인과 엘람인과 또 메소포타미아, 유대와 갑바도기아, 본도와 아시아,

10. 브루기아와 밤빌리아, 애굽과 및 구레네에 가까운 리비아 여러 지방에 사는 사람들, 그리고 로마로부터 온 나그네들 유대인과 유대교로 개종한 사람들과

11. 그레데인과 아라비아인들이라. 우리가 각자의 언어로 하나님의 큰일을 말하는 것을 듣는도다.

그런데 만약 2,000년 전이 아니라 지금 이 시대에 예수님과 같은 인물이 나타난다면 어떤 일이 일어날까? 이런 상상력으로 만들어진 진 영화가 있다. Netflix에 있는 "메시아"는 이런 모습을 단적으로 잘 드러내고 있다. "메시아"는 당시 많은 논란을 일으켰던 것으로, 2020년 1월 1일에 넷플릭스가 공개한 스릴러 드라마다. 주제는 이스라엘과 팔레스타인의 분쟁 사이에서 난민들을 이끌고 영적인 사건들을 일으켜 신도를 모으는 알 마시히라는 한 남자가 나타나 국제적 이목을 끌자 CIA에서 이 남자의 정체를 밝히려고 하는 것이 주요 스토리다.

"교회의 부흥과 핍박"에 대해서 알아보자. 예수의 부활과 오순절 성령의 사건 이후 교회는 사람들이 늘어나게 된다. 이로 인해 시작된 로마 제국의 기독교 박해는 주후 1세기에 시작하여 4세기에 끝나며 로마 제국 전역에서 산발적으로 그리고 대개 지역적으로 일어났

다. 본래 로마의 이교와 헬레니즘 종교의 전통에서 다신교를 믿는 제국이었으나, 기독교가 제국을 통해 전파되면서, 고대 로마의 황제 숭배와 이념적 갈등을 빚게 되었다. 신격화된 황제나 다른 신들에게 제물을 바치는 것과 같은 이교도의 관습들은 기독교인들의 믿음이 우상숭배를 금기시했기 때문에 그들에게 혐오스러운 것이었다. 국가와 시민사회의 다른 구성원들은 반역죄, 다양한 유언비어의 범죄, 불법 집회, 그리고 로마인들의 배교를 초래한 생경한 신앙을 전한 것에 대해 기독교인들을 처벌했다.[1]

영화 쿼바디스(Quo Vadis, Domine?)는 1951년에 개봉한 것으로 로마의 박해를 다룬 영화 중 가장 대표적이다. 다만 개봉한 지 오래되어 매니아가 아니면 추천하기 어렵다. 또한 2016년에 개봉한 부활(Risen)이 넷플릭스에 있으며 종교적 색채가 진하기 때문에 거부감이 있을 수 있지만, 십자가의 처형에 대한 사실적 묘사가 인상적인 작품이다.[2]

이렇게 핍박과 박해 속에서 성장하던 교회는 어느 순간 변질되었고, 마틴 루터에 의해 종교개혁이 일어나게 된다. 그리고 종교개혁 500주년이 되는 2017년 11월 14일, 손석희 앵커는 "JTBC 앵커브리핑"에서 다음과 같이 말했다.[3]

"상자 속으로 던져 넣은 돈이 짤랑하고 소리를 내는 순간 구원 받는다"

탐욕의 막장은 16세기 독일의 '주교 선거'에서 시작됐습니다. 독일 마인츠의 대주교가 되기 위해 엄청난 선거비를 탕진한 알브레히트 대주교는 빚을 갚기 위해 교황청에 면죄부 판매권을 요청했습니다. 탁월한 슬로건과 효과적인 판매 전략, 면죄부는 불티나게 팔려서 세상을 어지럽혔습니다. 결국 그 탐욕은 종교개혁의 불씨를 지폈고 지금으로부터 딱 500년 전, 마르틴 루터는 마인츠의 대주교를 향해 이렇게 반박합니다.

"돈이 상자에 짤랑하고 떨어지면, 욕심과 탐욕도 분명히 증가한다"

---

1   https://ko.wikipedia.org/wiki/로마_제국의_기독교_박해
2   https://youtu.be/agWa_n-zFVY?si=nYZRe1_Or1uZ_bGt
3   https://youtu.be/2IgqMypq9sU?si=LzDBlAnB4bGkvY7z

욕심과 탐욕. 종교가 가장 멀리해야 할 덕목을 가장 가까이에 두었던 부패한 구교는 사람들의 마음속에서 그렇게 무너지기 시작했던 것입니다.

"슬프고도 비극적인 사건"

교회개혁실천연대의 박득훈 목사는 이렇게 말합니다.

"세습에 대한 욕망, 절박함. 여기에 더해진 자신만의 확신"

등록 신도 10만 명에, 재정규모가 1천억 대라고 알려진 한 교회는 아버지 목사에서 아들 목사로 고스란히 그렇게 넘어갔습니다.

브레이크 없이 커져버린 이 땅의 대형교회들에서 우리가 수도 없이 봐왔던 모습이기도 하지요. 교인에게 3대 중심은 하나님과 교회와 담임목사… 담임목사의 뜻은 곧 하나님의 뜻이라는 궤변… 성경 어디에도 나오지 않는 그들만의 주장과 움켜쥐고 놓지 않으려 하는 그 무엇…오죽하면 교회 세습 금지를 교회 헌법으로까지 정했었을까…종교개혁 500년 만에 또다시 개혁이 일어나야 한다면 그것은 바로 이 땅이어야 하지 않을까 하는 비감함…

마태복음의 한 장면입니다. 율법에 따라 유월절 예배를 위해 들어간 성전 공간에 기도하는 사람들 대신 종교 지도자들과 결탁한 장사꾼들이 가득했습니다. 예수는 성전 안에서 매매하는 모든 사람들을 내쫓으며…그들의 의자를 둘러엎고 이렇게 말합니다.

"내 집은 기도하는 집이라 일컬음을 받으리라 하였거늘 너희는 강도의 소굴을 만드는도다"

오늘의 앵커브리핑이었습니다. 그리고 오늘의 사족입니다. 미국 상원의 채플 목사였던 리처드 핼버슨 목사는 이렇게 말했습니다.

"교회는 그리스로 이동해 철학이 되었고, 로마로 옮겨가서는 제도가 되었다. 그 다음에 유럽으로 가서 문화가 되었다. 마침내 미국으로 왔을 때… 교회는 기업이 되었다."

그리고 대형교회의 세습을 비판한 영화 '쿼바디스'의 김재환 감독은 이렇게 덧붙입니다.

"교회는 한국으로 와서는 대기업이 되었다"

고민해 봅시다

1. 교회의 좋은 점

_____

_____

_____

_____

2. 교회의 나쁜 점이나 변화가 필요한 점

_____

_____

_____

_____

11강 함께 읽는 대한민국헌법 130조

함께 읽는 대한민국헌법 130조

이번 수업은 대한민국 헌법을 함께 읽는 강독수업으로 진행할 것이다. 혹시 대한민국 헌법 전문이 모두 몇 조인지 아시는가? 대한민국 헌법은 모두 130조로 구성되어 있다. 헌법이라고 하면 두꺼운 법전을 떠올리겠지만 생각보다 작은 책에 대한민국 헌법이 담겨 있다. 그것이 바로 "손바닥 헌법책"이다.[4]

대한민국 제헌 헌법

[헌법 제1호, 1948년 7월 17일 공포]

우선 대한민국 헌법에 대한 내용에 앞서 **"대한민국임시헌장"**에 대해 살펴볼 필요가 있다. 대한민국임시헌장은 1919년 4월 11일에 제정되었다.[5] 내용은 다음과 같다.

---

4 우리헌법 읽기 운동본부 https://coreanconstitution.org
5 (https://ko.wikipedia.org/wiki/대한민국_임시_헌장)

제1조 대한민국은 민주공화제로 한다.

제2조 대한민국은 임시정부가 임시의정원의 결의에 의하여 통치한다.

제3조 대한민국의 인민은 남녀, 귀천 및 빈부의 계급이 없고 일체 평등하다.

제4조 대한민국의 인민은 종교, 언론, 저작, 출판, 결사, 집회, 통신, 주소 이전, 신체 및 소유의 자유를 누린다.

제5조 대한민국의 인민으로 공민 자격이 있는 자는 선거권과 피선거권이 있다.

제6조 대한민국의 인민은 교육, 납세 및 병역의 의무가 있다.

제7조 대한민국은 신(神)의 의사에 의해 건국한 정신을 세계에 발휘하고 나아가 인류문화 및 평화에 공헌하기 위해 국제연맹에 가입한다.

제8조 대한민국은 구 황실을 우대한다.

제9조 생명형, 신체형 및 공창제(公娼制)를 전부 폐지한다.

제10조 임시정부는 국토 회복 후 만 1개년 내에 국회를 소집한다.

대한민국 임시정부의 수립과 함께 완성된 대한민국 임시헌장을 볼 때 임시정부는 이미 정부의 역할을 담당하고 있었던 것임을 알 수 있다. 대한민국임시헌법은 1919년 9월 11일에 임시정부법령 제2호로 제정되었다.

대한민국헌법

[시행 1988. 2. 25.] [헌법 제10호, 1987. 10. 29., 전부개정]

전문

유구한 역사와 전통에 빛나는 우리 대한국민은 3·1운동으로 건립된 대한민국임시정부의 법통과 불의에 항거한 4·19민주이념을 계승하고, 조국의 민주개혁과 평화적 통일의 사명에 입각하여 정의·인도와 동포애로써 민족의 단결을 공고히 하고, 모든 사회적 폐습과 불의를 타파하며, 자율과 조화를 바탕으로 자유민주적 기본질서를 더욱 확고히 하여 정치·경제·사회·문화의 모든 영역에 있어서 각인의 기회를 균등히 하고, 능력을 최고도로 발휘하게 하며, 자유와 권리에 따르는 책임과 의무를 완수하게 하여, 안으로는 국민생활의 균등한 향상을 기하고 밖으로는 항구적인 세계평화와 인류공영에 이바지함으로써 우리들과 우리들의 자손의 안전과 자유와 행복을 영원히 확보할 것을 다짐하면서 1948년 7월 12일에 제정되고 8차에 걸쳐 개정된 헌법을 이제 국회의 의결을 거쳐 국민투표에 의하여 개정한다.

1987년 10월 29일

제1장 총강

제1조   ① 대한민국은 민주공화국이다.

           ② 대한민국의 주권은 국민에게 있고, 모든 권력은 국민으로부터 나온다.

제2조   ① 대한민국의 국민이 되는 요건은 법률로 정한다.

           ② 국가는 법률이 정하는 바에 의하여 재외국민을 보호할 의무를 진다.

제3조   대한민국의 영토는 한반도와 그 부속도서로 한다.

제4조   대한민국은 통일을 지향하며, 자유민주적 기본질서에 입각한 평화적 통일정책을 수립하고 이를 추진한다.

제5조   ① 대한민국은 국제평화의 유지에 노력하고 침략적 전쟁을 부인한다.

           ② 국군은 국가의 안전보장과 국토방위의 신성한 의무를 수행함을 사명으로 하며, 그 정치적 중립성은 준수된다.

제6조   ① 헌법에 의하여 체결·공포된 조약과 일반적으로 승인된 국제법규는 국내법과 같은 효력을 가진다.

           ② 외국인은 국제법과 조약이 정하는 바에 의하여 그 지위가 보장된다.

제7조 ① 공무원은 국민전체에 대한 봉사자이며, 국민에 대하여 책임을 진다.

② 공무원의 신분과 정치적 중립성은 법률이 정하는 바에 의하여 보장된다.

제8조 ① 정당의 설립은 자유이며, 복수정당제는 보장된다.

② 정당은 그 목적·조직과 활동이 민주적이어야 하며, 국민의 정치적 의사형성에 참여하는데 필요한 조직을 가져야 한다.

③ 정당은 법률이 정하는 바에 의하여 국가의 보호를 받으며, 국가는 법률이 정하는 바에 의하여 정당운영에 필요한 자금을 보조할 수 있다.

④ 정당의 목적이나 활동이 민주적 기본질서에 위배될 때에는 정부는 헌법재판소에 그 해산을 제소할 수 있고, 정당은 헌법재판소의 심판에 의하여 해산된다.

제9조 국가는 전통문화의 계승·발전과 민족문화의 창달에 노력하여야 한다.

제2장 국민의 권리와 의무

제10조 모든 국민은 인간으로서의 존엄과 가치를 가지며, 행복을 추구할 권리를 가진다. 국가는 개인이 가지는 불가침의 기본적 인권을 확인하고 이를 보장할 의무를 진다.

제11조 ① 모든 국민은 법 앞에 평등하다. 누구든지 성별·종교 또는 사회적 신분에 의하여 정치적·경제적·사회적·문화적 생활의 모든 영역에 있어서 차별을 받지 아니한다.

② 사회적 특수계급의 제도는 인정되지 아니하며, 어떠한 형태로도 이를 창설할 수 없다.

③ 훈장등의 영전은 이를 받은 자에게만 효력이 있고, 어떠한 특권도 이에 따르지 아니한다.

제12조　① 모든 국민은 신체의 자유를 가진다. 누구든지 법률에 의하지 아니하고는 체포·구속·압수·수색 또는 심문을 받지 아니하며, 법률과 적법한 절차에 의하지 아니하고는 처벌·보안처분 또는 강제노역을 받지 아니한다.

② 모든 국민은 고문을 받지 아니하며, 형사상 자기에게 불리한 진술을 강요당하지 아니한다.

③ 체포·구속·압수 또는 수색을 할 때에는 적법한 절차에 따라 검사의 신청에 의하여 법관이 발부한 영장을 제시하여야 한다. 다만, 현행범인인 경우와 장기 3년 이상의 형에 해당하는 죄를 범하고 도피 또는 증거인멸의 염려가 있을 때에는 사후에 영장을 청구할 수 있다.

④ 누구든지 체포 또는 구속을 당한 때에는 즉시 변호인의 조력을 받을 권리를 가진다. 다만, 형사피고인이 스스로 변호인을 구할 수 없을 때에는 법률이 정하는 바에 의하여 국가가 변호인을 붙인다.

⑤ 누구든지 체포 또는 구속의 이유와 변호인의 조력을 받을 권리가 있음을 고지받지 아니하고는 체포 또는 구속을 당하지 아니한다. 체포 또는 구속을 당한 자의 가족등 법률이 정하는 자에게는 그 이유와 일시·장소가 지체없이 통지되어야 한다.

⑥ 누구든지 체포 또는 구속을 당한 때에는 적부의 심사를 법원에 청구할 권리를 가진다.

⑦ 피고인의 자백이 고문·폭행·협박·구속의 부당한 장기화 또는 기망 기타의 방법에 의하여 자의로 진술된 것이 아니라고 인정될 때 또는 정식재판에 있어서 피고인의 자백이 그에게 불리한 유일한 증거일 때에는 이를 유죄의 증거로 삼거나 이를 이유로 처벌할 수 없다.

제13조　① 모든 국민은 행위시의 법률에 의하여 범죄를 구성하지 아니하는 행위로 소추되지 아니하며, 동일한 범죄에 대하여 거듭 처벌받지 아니한다.

② 모든 국민은 소급입법에 의하여 참정권의 제한을 받거나 재산권을 박탈당하지 아니한다.

③ 모든 국민은 자기의 행위가 아닌 친족의 행위로 인하여 불이익한 처우를 받지 아니한다.

제14조　모든 국민은 거주·이전의 자유를 가진다.

제15조　모든 국민은 직업선택의 자유를 가진다.

제16조　모든 국민은 주거의 자유를 침해받지 아니한다. 주거에 대한 압수나 수색을 할 때에는 검사의 신청에 의하여 법관이 발부한 영장을 제시하여야 한다.

제17조　모든 국민은 사생활의 비밀과 자유를 침해받지 아니한다.

제18조　모든 국민은 통신의 비밀을 침해받지 아니한다.

제19조　모든 국민은 양심의 자유를 가진다.

제20조　① 모든 국민은 종교의 자유를 가진다.
　　　　② 국교는 인정되지 아니하며, 종교와 정치는 분리된다.

제21조　① 모든 국민은 언론·출판의 자유와 집회·결사의 자유를 가진다.
　　　　② 언론·출판에 대한 허가나 검열과 집회·결사에 대한 허가는 인정되지 아니한다.
　　　　③ 통신·방송의 시설기준과 신문의 기능을 보장하기 위하여 필요한 사항은 법률로 정한다.
　　　　④ 언론·출판은 타인의 명예나 권리 또는 공중도덕이나 사회윤리를 침해하여서는 아니된다. 언론·출판이 타인의 명예나 권리를 침해한 때에는 피해자는 이에 대한 피해의 배상을 청구할 수 있다.

제22조　① 모든 국민은 학문과 예술의 자유를 가진다.

　　　　② 저작자 · 발명가 · 과학기술자와 예술가의 권리는 법률로써 보호한다.

제23조　① 모든 국민의 재산권은 보장된다. 그 내용과 한계는 법률로 정한다.

　　　　② 재산권의 행사는 공공복리에 적합하도록 하여야 한다.

　　　　③ 공공필요에 의한 재산권의 수용 · 사용 또는 제한 및 그에 대한 보상은 법률로써 하되, 정당한 보상을 지급하여야 한다.

제24조　모든 국민은 법률이 정하는 바에 의하여 선거권을 가진다.

제25조　모든 국민은 법률이 정하는 바에 의하여 공무담임권을 가진다.

제26조　① 모든 국민은 법률이 정하는 바에 의하여 국가기관에 문서로 청원할 권리를 가진다.

　　　　② 국가는 청원에 대하여 심사할 의무를 진다.

제27조　① 모든 국민은 헌법과 법률이 정한 법관에 의하여 법률에 의한 재판을 받을 권리를 가진다.

　　　　② 군인 또는 군무원이 아닌 국민은 대한민국의 영역 안에서는 중대한 군사상 기밀 · 초병 · 초소 · 유독 음식물공급 · 포로 · 군용물에 관한 죄중 법률이 정한 경우와 비상계엄이 선포된 경우를 제외하고는 군사법원의 재판을 받지 아니한다.

　　　　③ 모든 국민은 신속한 재판을 받을 권리를 가진다. 형사피고인은 상당한 이유가 없는 한 지체없이 공개재판을 받을 권리를 가진다.

　　　　④ 형사피고인은 유죄의 판결이 확정될 때까지는 무죄로 추정된다.

　　　　⑤ 형사피해자는 법률이 정하는 바에 의하여 당해 사건의 재판절차에서 진술할 수 있다.

제28조 　형사피의자 또는 형사피고인으로서 구금되었던 자가 법률이 정하는 불기소처분을 받거나 무죄판결을 받은 때에는 법률이 정하는 바에 의하여 국가에 정당한 보상을 청구할 수 있다.

제29조 　① 공무원의 직무상 불법행위로 손해를 받은 국민은 법률이 정하는 바에 의하여 국가 또는 공공단체에 정당한 배상을 청구할 수 있다. 이 경우 공무원 자신의 책임은 면제되지 아니한다.

② 군인·군무원·경찰공무원 기타 법률이 정하는 자가 전투·훈련등 직무집행과 관련하여 받은 손해에 대하여는 법률이 정하는 보상 외에 국가 또는 공공단체에 공무원의 직무상 불법행위로 인한 배상은 청구할 수 없다.

제30조 　타인의 범죄행위로 인하여 생명·신체에 대한 피해를 받은 국민은 법률이 정하는 바에 의하여 국가로부터 구조를 받을 수 있다.

제31조 　① 모든 국민은 능력에 따라 균등하게 교육을 받을 권리를 가진다.

② 모든 국민은 그 보호하는 자녀에게 적어도 초등교육과 법률이 정하는 교육을 받게 할 의무를 진다.

③ 의무교육은 무상으로 한다.

④ 교육의 자주성·전문성·정치적 중립성 및 대학의 자율성은 법률이 정하는 바에 의하여 보장된다.

⑤ 국가는 평생교육을 진흥하여야 한다.

⑥ 교육 및 평생교육을 포함한 교육제도와 그 운영, 교육재정 및 교원의 지위에 관한 기본적인 사항은 법률로 정한다.

제32조 　① 모든 국민은 근로의 권리를 가진다. 국가는 사회적·경제적 방법으로 근로자의 고용의 증진과 적정임금의 보장에 노력하여야 하며, 법률이 정하는 바에 의하여 최저임금제를 시행하여야 한다.

② 모든 국민은 근로의 의무를 진다. 국가는 근로의 의무의 내용과 조건을 민

주주의원칙에 따라 법률로 정한다.

③ 근로조건의 기준은 인간의 존엄성을 보장하도록 법률로 정한다.

④ 여자의 근로는 특별한 보호를 받으며, 고용 · 임금 및 근로조건에 있어서 부당한 차별을 받지 아니한다.

⑤ 연소자의 근로는 특별한 보호를 받는다.

⑥ 국가유공자 · 상이군경 및 전몰군경의 유가족은 법률이 정하는 바에 의하여 우선적으로 근로의 기회를 부여받는다.

제33조 ① 근로자는 근로조건의 향상을 위하여 자주적인 단결권 · 단체교섭권 및 단체행동권을 가진다.

② 공무원인 근로자는 법률이 정하는 자에 한하여 단결권 · 단체교섭권 및 단체행동권을 가진다.

③ 법률이 정하는 주요방위산업체에 종사하는 근로자의 단체행동권은 법률이 정하는 바에 의하여 이를 제한하거나 인정하지 아니할 수 있다.

제34조 ① 모든 국민은 인간다운 생활을 할 권리를 가진다.

② 국가는 사회보장 · 사회복지의 증진에 노력할 의무를 진다.

③ 국가는 여자의 복지와 권익의 향상을 위하여 노력하여야 한다.

④ 국가는 노인과 청소년의 복지향상을 위한 정책을 실시할 의무를 진다.

⑤ 신체장애자 및 질병 · 노령 기타의 사유로 생활능력이 없는 국민은 법률이 정하는 바에 의하여 국가의 보호를 받는다.

⑥ 국가는 재해를 예방하고 그 위험으로부터 국민을 보호하기 위하여 노력하여야 한다.

제35조 ① 모든 국민은 건강하고 쾌적한 환경에서 생활할 권리를 가지며, 국가와 국민은 환경보전을 위하여 노력하여야 한다.

② 환경권의 내용과 행사에 관하여는 법률로 정한다.

③ 국가는 주택개발정책등을 통하여 모든 국민이 쾌적한 주거생활을 할 수 있도록 노력하여야 한다.

제36조　① 혼인과 가족생활은 개인의 존엄과 양성의 평등을 기초로 성립되고 유지되어야 하며, 국가는 이를 보장한다.

② 국가는 모성의 보호를 위하여 노력하여야 한다.

③모든 국민은 보건에 관하여 국가의 보호를 받는다.

제37조　① 국민의 자유와 권리는 헌법에 열거되지 아니한 이유로 경시되지 아니한다.

② 국민의 모든 자유와 권리는 국가안전보장·질서유지 또는 공공복리를 위하여 필요한 경우에 한하여 법률로써 제한할 수 있으며, 제한하는 경우에도 자유와 권리의 본질적인 내용을 침해할 수 없다.

제38조　모든 국민은 법률이 정하는 바에 의하여 납세의 의무를 진다.

제39조　① 모든 국민은 법률이 정하는 바에 의하여 국방의 의무를 진다.

② 누구든지 병역의무의 이행으로 인하여 불이익한 처우를 받지 아니한다.

제3장 국회

제40조　입법권은 국회에 속한다.

제41조　① 국회는 국민의 보통·평등·직접·비밀선거에 의하여 선출된 국회의원으로 구성한다.

② 국회의원의 수는 법률로 정하되, 200인 이상으로 한다.

③ 국회의원의 선거구와 비례대표제 기타 선거에 관한 사항은 법률로 정한다.

제42조　국회의원의 임기는 4년으로 한다.

제43조　국회의원은 법률이 정하는 직을 겸할 수 없다.

제44조　① 국회의원은 현행범인인 경우를 제외하고는 회기 중 국회의 동의없이 체포
　　　　　또는 구금되지 아니한다.
　　　　② 국회의원이 회기 전에 체포 또는 구금된 때에는 현행범인이 아닌 한 국회
　　　　　의 요구가 있으면 회기 중 석방된다.

제45조　국회의원은 국회에서 직무상 행한 발언과 표결에 관하여 국회 외에서 책임을
　　　　지지 아니한다.

제46조　① 국회의원은 청렴의 의무가 있다.
　　　　② 국회의원은 국가이익을 우선하여 양심에 따라 직무를 행한다.
　　　　③ 국회의원은 그 지위를 남용하여 국가 · 공공단체 또는 기업체와의 계약이
　　　　　나 그 처분에 의하여 재산상의 권리 · 이익 또는 직위를 취득하거나 타인을
　　　　　위하여 그 취득을 알선할 수 없다.

제47조　① 국회의 정기회는 법률이 정하는 바에 의하여 매년 1회 집회되며, 국회의 임
　　　　　시회는 대통령 또는 국회재적의원 4분의 1 이상의 요구에 의하여 집회된다.
　　　　② 정기회의 회기는 100일을, 임시회의 회기는 30일을 초과할 수 없다.
　　　　③ 대통령이 임시회의 집회를 요구할 때에는 기간과 집회요구의 이유를 명시
　　　　　하여야 한다.

제48조　국회는 의장 1인과 부의장 2인을 선출한다.

제49조　국회는 헌법 또는 법률에 특별한 규정이 없는 한 재적의원 과반수의 출석과 출
　　　　석의원 과반수의 찬성으로 의결한다. 가부동수인 때에는 부결된 것으로 본다.

제50조 ① 국회의 회의는 공개한다. 다만, 출석의원 과반수의 찬성이 있거나 의장이 국가의 안전보장을 위하여 필요하다고 인정할 때에는 공개하지 아니할 수 있다.

② 공개하지 아니한 회의내용의 공표에 관하여는 법률이 정하는 바에 의한다.

제51조 국회에 제출된 법률안 기타의 의안은 회기 중에 의결되지 못한 이유로 폐기되지 아니한다. 다만, 국회의원의 임기가 만료된 때에는 그러하지 아니하다.

제52조 국회의원과 정부는 법률안을 제출할 수 있다.

제53조 ① 국회에서 의결된 법률안은 정부에 이송되어 15일 이내에 대통령이 공포한다.

② 법률안에 이의가 있을 때에는 대통령은 제1항의 기간내에 이의서를 붙여 국회로 환부하고, 그 재의를 요구할 수 있다. 국회의 폐회 중에도 또한 같다.

③ 대통령은 법률안의 일부에 대하여 또는 법률안을 수정하여 재의를 요구할 수 없다.

④ 재의의 요구가 있을 때에는 국회는 재의에 붙이고, 재적의원 과반수의 출석과 출석의원 3분의 2 이상의 찬성으로 전과 같은 의결을 하면 그 법률안은 법률로서 확정된다.

⑤ 대통령이 제1항의 기간 내에 공포나 재의의 요구를 하지 아니한 때에도 그 법률안은 법률로서 확정된다.

⑥ 대통령은 제4항과 제5항의 규정에 의하여 확정된 법률을 지체없이 공포하여야 한다. 제5항에 의하여 법률이 확정된 후 또는 제4항에 의한 확정법률이 정부에 이송된 후 5일 이내에 대통령이 공포하지 아니할 때에는 국회의장이 이를 공포한다.

⑦ 법률은 특별한 규정이 없는 한 공포한 날로부터 20일을 경과함으로써 효력을 발생한다.

제54조   ① 국회는 국가의 예산안을 심의·확정한다.

② 정부는 회계연도마다 예산안을 편성하여 회계연도 개시 90일 전까지 국회에 제출하고, 국회는 회계연도 개시 30일 전까지 이를 의결하여야 한다.

③ 새로운 회계연도가 개시될 때까지 예산안이 의결되지 못한 때에는 정부는 국회에서 예산안이 의결될 때까지 다음의 목적을 위한 경비는 전년도 예산에 준하여 집행할 수 있다.

   1. 헌법이나 법률에 의하여 설치된 기관 또는 시설의 유지·운영
   2. 법률상 지출의무의 이행
   3. 이미 예산으로 승인된 사업의 계속

제55조   ① 한 회계연도를 넘어 계속하여 지출할 필요가 있을 때에는 정부는 연한을 정하여 계속비로서 국회의 의결을 얻어야 한다.

② 예비비는 총액으로 국회의 의결을 얻어야 한다. 예비비의 지출은 차기국회의 승인을 얻어야 한다.

제56조   정부는 예산에 변경을 가할 필요가 있을 때에는 추가경정예산안을 편성하여 국회에 제출할 수 있다.

제57조   국회는 정부의 동의 없이 정부가 제출한 지출예산 각항의 금액을 증가하거나 새 비목을 설치할 수 없다.

제58조   국채를 모집하거나 예산 외에 국가의 부담이 될 계약을 체결하려 할 때에는 정부는 미리 국회의 의결을 얻어야 한다.

제59조   조세의 종목과 세율은 법률로 정한다.

제60조   ① 국회는 상호원조 또는 안전보장에 관한 조약, 중요한 국제조직에 관한 조

약, 우호통상항해조약, 주권의 제약에 관한 조약, 강화조약, 국가나 국민에게 중대한 재정적 부담을 지우는 조약 또는 입법사항에 관한 조약의 체결·비준에 대한 동의권을 가진다.

② 국회는 선전포고, 국군의 외국에의 파견 또는 외국군대의 대한민국 영역 안에서의 주류에 대한 동의권을 가진다.

제61조 ① 국회는 국정을 감사하거나 특정한 국정사안에 대하여 조사할 수 있으며, 이에 필요한 서류의 제출 또는 증인의 출석과 증언이나 의견의 진술을 요구할 수 있다.

② 국정감사 및 조사에 관한 절차 기타 필요한 사항은 법률로 정한다.

제62조 ① 국무총리·국무위원 또는 정부위원은 국회나 그 위원회에 출석하여 국정처리상황을 보고하거나 의견을 진술하고 질문에 응답할 수 있다.

② 국회나 그 위원회의 요구가 있을 때에는 국무총리·국무위원 또는 정부위원은 출석·답변하여야 하며, 국무총리 또는 국무위원이 출석요구를 받은 때에는 국무위원 또는 정부위원으로 하여금 출석·답변하게 할 수 있다.

제63조 ① 국회는 국무총리 또는 국무위원의 해임을 대통령에게 건의할 수 있다.

② 제1항의 해임건의는 국회재적의원 3분의 1 이상의 발의에 의하여 국회재적의원 과반수의 찬성이 있어야 한다.

제64조 ① 국회는 법률에 저촉되지 아니하는 범위 안에서 의사와 내부규율에 관한 규칙을 제정할 수 있다.

② 국회는 의원의 자격을 심사하며, 의원을 징계할 수 있다.

③의원을 제명하려면 국회재적의원 3분의 2 이상의 찬성이 있어야 한다.

④ 제2항과 제3항의 처분에 대하여는 법원에 제소할 수 없다.

제65조   ① 대통령·국무총리·국무위원·행정각부의 장·헌법재판소 재판관·법관·중앙선거관리위원회 위원·감사원장·감사위원 기타 법률이 정한 공무원이 그 직무집행에 있어서 헌법이나 법률을 위배한 때에는 국회는 탄핵의 소추를 의결할 수 있다.

② 제1항의 탄핵소추는 국회재적의원 3분의 1 이상의 발의가 있어야 하며, 그 의결은 국회재적의원 과반수의 찬성이 있어야 한다. 다만, 대통령에 대한 탄핵소추는 국회재적의원 과반수의 발의와 국회재적의원 3분의 2 이상의 찬성이 있어야 한다.

③ 탄핵소추의 의결을 받은 자는 탄핵심판이 있을 때까지 그 권한행사가 정지된다.

④ 탄핵결정은 공직으로부터 파면함에 그친다. 그러나, 이에 의하여 민사상이나 형사상의 책임이 면제되지는 아니한다.

제4장 정부

제1절 대통령

제66조   ① 대통령은 국가의 원수이며, 외국에 대하여 국가를 대표한다.

② 대통령은 국가의 독립·영토의 보전·국가의 계속성과 헌법을 수호할 책무를 진다.

③ 대통령은 조국의 평화적 통일을 위한 성실한 의무를 진다.

④ 행정권은 대통령을 수반으로 하는 정부에 속한다.

제67조   ① 대통령은 국민의 보통·평등·직접·비밀선거에 의하여 선출한다.

② 제1항의 선거에 있어서 최고득표자가 2인 이상인 때에는 국회의 재적의원 과반수가 출석한 공개회의에서 다수표를 얻은 자를 당선자로 한다.

③ 대통령후보자가 1인일 때에는 그 득표수가 선거권자 총수의 3분의 1 이상

이 아니면 대통령으로 당선될 수 없다.

④ 대통령으로 선거될 수 있는 자는 국회의원의 피선거권이 있고 선거일 현재 40세에 달하여야 한다.

⑤ 대통령의 선거에 관한 사항은 법률로 정한다.

제68조   ① 대통령의 임기가 만료되는 때에는 임기만료 70일 내지 40일 전에 후임자를 선거한다.

② 대통령이 궐위된 때 또는 대통령 당선자가 사망하거나 판결 기타의 사유로 그 자격을 상실한 때에는 60일 이내에 후임자를 선거한다.

제69조   대통령은 취임에 즈음하여 다음의 선서를 한다. "나는 헌법을 준수하고 국가를 보위하며 조국의 평화적 통일과 국민의 자유와 복리의 증진 및 민족문화의 창달에 노력하여 대통령으로서의 직책을 성실히 수행할 것을 국민 앞에 엄숙히 선서합니다."

제70조   대통령의 임기는 5년으로 하며, 중임할 수 없다.

제71조   대통령이 궐위되거나 사고로 인하여 직무를 수행할 수 없을 때에는 국무총리, 법률이 정한 국무위원의 순서로 그 권한을 대행한다.

제72조   대통령은 필요하다고 인정할 때에는 외교 · 국방 · 통일 기타 국가안위에 관한 중요정책을 국민투표에 붙일 수 있다.

제73조   대통령은 조약을 체결 · 비준하고, 외교사절을 신임 · 접수 또는 파견하며, 선전포고와 강화를 한다.

제74조   ① 대통령은 헌법과 법률이 정하는 바에 의하여 국군을 통수한다.

② 국군의 조직과 편성은 법률로 정한다.

제75조 대통령은 법률에서 구체적으로 범위를 정하여 위임받은 사항과 법률을 집행하기 위하여 필요한 사항에 관하여 대통령령을 발할 수 있다.

제76조 ① 대통령은 내우·외환·천재·지변 또는 중대한 재정·경제상의 위기에 있어서 국가의 안전보장 또는 공공의 안녕질서를 유지하기 위하여 긴급한 조치가 필요하고 국회의 집회를 기다릴 여유가 없을 때에 한하여 최소한으로 필요한 재정·경제상의 처분을 하거나 이에 관하여 법률의 효력을 가지는 명령을 발할 수 있다.

② 대통령은 국가의 안위에 관계되는 중대한 교전상태에 있어서 국가를 보위하기 위하여 긴급한 조치가 필요하고 국회의 집회가 불가능한 때에 한하여 법률의 효력을 가지는 명령을 발할 수 있다.

③ 대통령은 제1항과 제2항의 처분 또는 명령을 한 때에는 지체없이 국회에 보고하여 그 승인을 얻어야 한다.

④ 제3항의 승인을 얻지 못한 때에는 그 처분 또는 명령은 그때부터 효력을 상실한다. 이 경우 그 명령에 의하여 개정 또는 폐지되었던 법률은 그 명령이 승인을 얻지 못한 때부터 당연히 효력을 회복한다.

⑤ 대통령은 제3항과 제4항의 사유를 지체없이 공포하여야 한다.

제77조 ① 대통령은 전시·사변 또는 이에 준하는 국가비상사태에 있어서 병력으로써 군사상의 필요에 응하거나 공공의 안녕질서를 유지할 필요가 있을 때에는 법률이 정하는 바에 의하여 계엄을 선포할 수 있다.

② 계엄은 비상계엄과 경비계엄으로 한다.

③ 비상계엄이 선포된 때에는 법률이 정하는 바에 의하여 영장제도, 언론·출판·집회·결사의 자유, 정부나 법원의 권한에 관하여 특별한 조치를 할 수 있다.

④ 계엄을 선포한 때에는 대통령은 지체없이 국회에 통고하여야 한다.

⑤ 국회가 재적의원 과반수의 찬성으로 계엄의 해제를 요구한 때에 대통령은 이를 해제하여야 한다.

제78조 대통령은 헌법과 법률이 정하는 바에 의하여 공무원을 임면한다.

제79조 ① 대통령은 법률이 정하는 바에 의하여 사면·감형 또는 복권을 명할 수 있다.

② 일반사면을 명하려면 국회의 동의를 얻어야 한다.

③ 사면·감형 및 복권에 관한 사항은 법률로 정한다.

제80조 대통령은 법률이 정하는 바에 의하여 훈장 기타의 영전을 수여한다.

제81조 대통령은 국회에 출석하여 발언하거나 서한으로 의견을 표시할 수 있다.

제82조 대통령의 국법상 행위는 문서로써 하며, 이 문서에는 국무총리와 관계 국무위원이 부서한다. 군사에 관한 것도 또한 같다.

제83조 대통령은 국무총리·국무위원·행정각부의 장 기타 법률이 정하는 공사의 직을 겸할 수 없다.

제84조 대통령은 내란 또는 외환의 죄를 범한 경우를 제외하고는 재직 중 형사상의 소추를 받지 아니한다.

제85조 전직대통령의 신분과 예우에 관하여는 법률로 정한다.

제2절 행정부

제1관 국무총리와 국무위원

제86조 　① 국무총리는 국회의 동의를 얻어 대통령이 임명한다.

　　　　② 국무총리는 대통령을 보좌하며, 행정에 관하여 대통령의 명을 받아 행정각
　　　　　 부를 통할한다.

　　　　③ 군인은 현역을 면한 후가 아니면 국무총리로 임명될 수 없다.

제87조 　① 국무위원은 국무총리의 제청으로 대통령이 임명한다.

　　　　② 국무위원은 국정에 관하여 대통령을 보좌하며, 국무회의의 구성원으로서
　　　　　 국정을 심의한다.

　　　　③ 국무총리는 국무위원의 해임을 대통령에게 건의할 수 있다.

　　　　④ 군인은 현역을 면한 후가 아니면 국무위원으로 임명될 수 없다.

제2관 국무회의

제88조 　① 국무회의는 정부의 권한에 속하는 중요한 정책을 심의한다.

　　　　② 국무회의는 대통령·국무총리와 15인 이상 30인 이하의 국무위원으로 구
　　　　　 성한다.

　　　　③ 대통령은 국무회의의 의장이 되고, 국무총리는 부의장이 된다.

제89조 　다음 사항은 국무회의의 심의를 거쳐야 한다.

　　　　1. 국정의 기본계획과 정부의 일반정책

　　　　2. 선전·강화 기타 중요한 대외정책

　　　　3. 헌법개정안·국민투표안·조약안·법률안 및 대통령령안

　　　　4. 예산안·결산·국유재산처분의 기본계획·국가의 부담이 될 계약 기타
　　　　　 재정에 관한 중요사항

　　　　5. 대통령의 긴급명령·긴급재정경제처분 및 명령 또는 계엄과 그 해제

6. 군사에 관한 중요사항

7. 국회의 임시회 집회의 요구

8. 영전수여

9. 사면ㆍ감형과 복권

10. 행정각부간의 권한의 획정

11. 정부 안의 권한의 위임 또는 배정에 관한 기본계획

12. 국정처리상황의 평가ㆍ분석

13. 행정각부의 중요한 정책의 수립과 조정

14. 정당해산의 제소

15. 정부에 제출 또는 회부된 정부의 정책에 관계되는 청원의 심사

16. 검찰총장ㆍ합동참모의장ㆍ각군참모총장ㆍ국립대학교총장ㆍ대사 기타
    법률이 정한 공무원과 국영기업체관리자의 임명

17. 기타 대통령ㆍ국무총리 또는 국무위원이 제출한 사항

제90조 ① 국정의 중요한 사항에 관한 대통령의 자문에 응하기 위하여 국가원로로 구
        성되는 국가원로자문회의를 둘 수 있다.

       ② 국가원로자문회의의 의장은 직전대통령이 된다. 다만, 직전대통령이 없을
        때에는 대통령이 지명한다.

       ③ 국가원로자문회의의 조직ㆍ직무범위 기타 필요한 사항은 법률로 정한다.

제91조 ① 국가안전보장에 관련되는 대외정책ㆍ군사정책과 국내정책의 수립에 관하
        여 국무회의의 심의에 앞서 대통령의 자문에 응하기 위하여 국가안전보장
        회의를 둔다.

       ② 국가안전보장회의는 대통령이 주재한다.

       ③ 국가안전보장회의의 조직ㆍ직무범위 기타 필요한 사항은 법률로 정한다.

제92조 ① 평화통일정책의 수립에 관한 대통령의 자문에 응하기 위하여 민주평화통
        일자문회의를 둘 수 있다.

② 민주평화통일자문회의의 조직·직무범위 기타 필요한 사항은 법률로 정한다.

제93조　① 국민경제의 발전을 위한 중요정책의 수립에 관하여 대통령의 자문에 응하기 위하여 국민경제자문회의를 둘 수 있다.

② 국민경제자문회의의 조직·직무범위 기타 필요한 사항은 법률로 정한다.

제3관 행정각부

제94조　행정각부의 장은 국무위원 중에서 국무총리의 제청으로 대통령이 임명한다.

제95조　국무총리 또는 행정각부의 장은 소관사무에 관하여 법률이나 대통령령의 위임 또는 직권으로 총리령 또는 부령을 발할 수 있다.

제96조　행정각부의 설치·조직과 직무범위는 법률로 정한다.

제4관 감사원

제97조　국가의 세입·세출의 결산, 국가 및 법률이 정한 단체의 회계검사와 행정기관 및 공무원의 직무에 관한 감찰을 하기 위하여 대통령 소속하에 감사원을 둔다.

제98조　① 감사원은 원장을 포함한 5인 이상 11인 이하의 감사위원으로 구성한다.

② 원장은 국회의 동의를 얻어 대통령이 임명하고, 그 임기는 4년으로 하며, 1차에 한하여 중임할 수 있다.

③ 감사위원은 원장의 제청으로 대통령이 임명하고, 그 임기는 4년으로 하며, 1차에 한하여 중임할 수 있다.

제99조　감사원은 세입·세출의 결산을 매년 검사하여 대통령과 차년도국회에 그 결과를 보고하여야 한다.

제100조　　　감사원의 조직·직무범위·감사위원의 자격·감사대상공무원의 범위 기타 필요한 사항은 법률로 정한다.

제5장 법원

제101조　① 사법권은 법관으로 구성된 법원에 속한다.

　　　　② 법원은 최고법원인 대법원과 각급법원으로 조직된다.

　　　　③ 법관의 자격은 법률로 정한다.

제102조　① 대법원에 부를 둘 수 있다.

　　　　② 대법원에 대법관을 둔다. 다만, 법률이 정하는 바에 의하여 대법관이 아닌 법관을 둘 수 있다.

　　　　③ 대법원과 각급법원의 조직은 법률로 정한다.

제103조　법관은 헌법과 법률에 의하여 그 양심에 따라 독립하여 심판한다.

제104조　① 대법원장은 국회의 동의를 얻어 대통령이 임명한다.

　　　　② 대법관은 대법원장의 제청으로 국회의 동의를 얻어 대통령이 임명한다.

　　　　③ 대법원장과 대법관이 아닌 법관은 대법관회의의 동의를 얻어 대법원장이 임명한다.

제105조　① 대법원장의 임기는 6년으로 하며, 중임할 수 없다.

　　　　② 대법관의 임기는 6년으로 하며, 법률이 정하는 바에 의하여 연임할 수 있다.

　　　　③ 대법원장과 대법관이 아닌 법관의 임기는 10년으로 하며, 법률이 정하는 바에 의하여 연임할 수 있다.

　　　　④ 법관의 정년은 법률로 정한다.

제106조 ① 법관은 탄핵 또는 금고 이상의 형의 선고에 의하지 아니하고는 파면되지 아니하며, 징계처분에 의하지 아니하고는 정직·감봉 기타 불리한 처분을 받지 아니한다.

② 법관이 중대한 심신상의 장해로 직무를 수행할 수 없을 때에는 법률이 정하는 바에 의하여 퇴직하게 할 수 있다.

제107조 ① 법률이 헌법에 위반되는 여부가 재판의 전제가 된 경우에는 법원은 헌법재판소에 제청하여 그 심판에 의하여 재판한다.

② 명령·규칙 또는 처분이 헌법이나 법률에 위반되는 여부가 재판의 전제가 된 경우에는 대법원은 이를 최종적으로 심사할 권한을 가진다.

③ 재판의 전심절차로서 행정심판을 할 수 있다. 행정심판의 절차는 법률로 정하되, 사법절차가 준용되어야 한다.

제108조 대법원은 법률에 저촉되지 아니하는 범위 안에서 소송에 관한 절차, 법원의 내부규율과 사무처리에 관한 규칙을 제정할 수 있다.

제109조 재판의 심리와 판결은 공개한다. 다만, 심리는 국가의 안전보장 또는 안녕질서를 방해하거나 선량한 풍속을 해할 염려가 있을 때에는 법원의 결정으로 공개하지 아니할 수 있다.

제110조 ① 군사재판을 관할하기 위하여 특별법원으로서 군사법원을 둘 수 있다.

② 군사법원의 상고심은 대법원에서 관할한다.

③ 군사법원의 조직·권한 및 재판관의 자격은 법률로 정한다.

④ 비상계엄하의 군사재판은 군인·군무원의 범죄나 군사에 관한 간첩죄의 경우와 초병·초소·유독음식물공급·포로에 관한 죄 중 법률이 정한 경우에 한하여 단심으로 할 수 있다. 다만, 사형을 선고한 경우에는 그러하지 아니하다.

제6장 헌법재판소

제111조 ① 헌법재판소는 다음 사항을 관장한다.

　　　　　　1. 법원의 제청에 의한 법률의 위헌여부 심판

　　　　　　2. 탄핵의 심판

　　　　　　3. 정당의 해산 심판

　　　　　　4. 국가기관 상호간, 국가기관과 지방자치단체간 및 지방자치단체 상호
　　　　　　간의 권한쟁의에 관한 심판

　　　　　　5. 법률이 정하는 헌법소원에 관한 심판

　　　② 헌법재판소는 법관의 자격을 가진 9인의 재판관으로 구성하며, 재판관은
　　　대통령이 임명한다.

　　　③ 제2항의 재판관중 3인은 국회에서 선출하는 자를, 3인은 대법원장이 지명하
　　　는 자를 임명한다.

　　　④ 헌법재판소의 장은 국회의 동의를 얻어 재판관 중에서 대통령이 임명한다.

제112조 ① 헌법재판소 재판관의 임기는 6년으로 하며, 법률이 정하는 바에 의하여 연
　　　임할 수 있다.

　　　② 헌법재판소 재판관은 정당에 가입하거나 정치에 관여할 수 없다.

　　　③ 헌법재판소 재판관은 탄핵 또는 금고 이상의 형의 선고에 의하지 아니하고
　　　는 파면되지 아니한다.

제113조 ① 헌법재판소에서 법률의 위헌결정, 탄핵의 결정, 정당해산의 결정 또는 헌법
　　　소원에 관한 인용결정을 할 때에는 재판관 6인 이상의 찬성이 있어야 한다.

　　　② 헌법재판소는 법률에 저촉되지 아니하는 범위 안에서 심판에 관한 절차,
　　　내부규율과 사무처리에 관한 규칙을 제정할 수 있다.

　　　③ 헌법재판소의 조직과 운영 기타 필요한 사항은 법률로 정한다.

제7장 선거관리

제114조 ① 거와 국민투표의 공정한 관리 및 정당에 관한 사무를 처리하기 위하여 선거관리위원회를 둔다.

② 중앙선거관리위원회는 대통령이 임명하는 3인, 국회에서 선출하는 3인과 대법원장이 지명하는 3인의 위원으로 구성한다. 위원장은 위원 중에서 호선한다.

③ 위원의 임기는 6년으로 한다.

④ 위원은 정당에 가입하거나 정치에 관여할 수 없다.

⑤ 위원은 탄핵 또는 금고 이상의 형의 선고에 의하지 아니하고는 파면되지 아니한다.

⑥ 중앙선거관리위원회는 법령의 범위 안에서 선거관리 · 국민투표관리 또는 정당사무에 관한 규칙을 제정할 수 있으며, 법률에 저촉되지 아니하는 범위 안에서 내부규율에 관한 규칙을 제정할 수 있다.

⑦ 각급 선거관리위원회의 조직 · 직무범위 기타 필요한 사항은 법률로 정한다.

제115조 ① 각급 선거관리위원회는 선거인명부의 작성 등 선거사무와 국민투표사무에 관하여 관계 행정기관에 필요한 지시를 할 수 있다.

② 제1항의 지시를 받은 당해 행정기관은 이에 응하여야 한다.

제116조 ① 선거운동은 각급 선거관리위원회의 관리하에 법률이 정하는 범위 안에서 하되, 균등한 기회가 보장되어야 한다.

② 선거에 관한 경비는 법률이 정하는 경우를 제외하고는 정당 또는 후보자에게 부담시킬 수 없다.

제8장 지방자치

제117조 ① 지방자치단체는 주민의 복리에 관한 사무를 처리하고 재산을 관리하며, 법

령의 범위 안에서 자치에 관한 규정을 제정할 수 있다.

② 지방자치단체의 종류는 법률로 정한다.

제118조 ① 지방자치단체에 의회를 둔다.

② 지방의회의 조직 · 권한 · 의원선거와 지방자치단체의 장의 선임방법 기타 지방자치단체의 조직과 운영에 관한 사항은 법률로 정한다.

제9장 경제

제119조 ① 대한민국의 경제질서는 개인과 기업의 경제상의 자유와 창의를 존중함을 기본으로 한다.

② 국가는 균형있는 국민경제의 성장 및 안정과 적정한 소득의 분배를 유지하고, 시장의 지배와 경제력의 남용을 방지하며, 경제주체간의 조화를 통한 경제의 민주화를 위하여 경제에 관한 규제와 조정을 할 수 있다.

제120조 ① 광물 기타 중요한 지하자원 · 수산자원 · 수력과 경제상 이용할 수 있는 자연력은 법률이 정하는 바에 의하여 일정한 기간 그 채취 · 개발 또는 이용을 특허할 수 있다.

② 국토와 자원은 국가의 보호를 받으며, 국가는 그 균형있는 개발과 이용을 위하여 필요한 계획을 수립한다.

제121조 ① 국가는 농지에 관하여 경자유전의 원칙이 달성될 수 있도록 노력하여야 하며, 농지의 소작제도는 금지된다.

② 농업생산성의 제고와 농지의 합리적인 이용을 위하거나 불가피한 사정으로 발생하는 농지의 임대차와 위탁경영은 법률이 정하는 바에 의하여 인정된다.

제122조   국가는 국민 모두의 생산 및 생활의 기반이 되는 국토의 효율적이고 균형있는
         이용·개발과 보전을 위하여 법률이 정하는 바에 의하여 그에 관한 필요한 제
         한과 의무를 과할 수 있다.

제123조   ① 국가는 농업 및 어업을 보호·육성하기 위하여 농·어촌종합개발과 그 지
         원등 필요한 계획을 수립·시행하여야 한다.
         ② 국가는 지역간의 균형있는 발전을 위하여 지역경제를 육성할 의무를 진다.
         ③ 국가는 중소기업을 보호·육성하여야 한다.
         ④ 국가는 농수산물의 수급균형과 유통구조의 개선에 노력하여 가격안정을
         도모함으로써 농·어민의 이익을 보호한다.
         ⑤ 국가는 농·어민과 중소기업의 자조조직을 육성하여야 하며, 그 자율적 활
         동과 발전을 보장한다.

제124조   국가는 건전한 소비행위를 계도하고 생산품의 품질향상을 촉구하기 위한 소
         비자보호운동을 법률이 정하는 바에 의하여 보장한다.

제125조   국가는 대외무역을 육성하며, 이를 규제·조정할 수 있다.

제126조   국방상 또는 국민경제상 긴절한 필요로 인하여 법률이 정하는 경우를 제외하
         고는, 사영기업을 국유 또는 공유로 이전하거나 그 경영을 통제 또는 관리할
         수 없다.

제127조   ① 국가는 과학기술의 혁신과 정보 및 인력의 개발을 통하여 국민경제의 발
         전에 노력하여야 한다.
         ② 국가는 국가표준제도를 확립한다.
         ③ 대통령은 제1항의 목적을 달성하기 위하여 필요한 자문기구를 둘 수 있다.

제10장 헌법개정

제128조 ① 헌법개정은 국회재적의원 과반수 또는 대통령의 발의로 제안된다.

② 대통령의 임기연장 또는 중임변경을 위한 헌법개정은 그 헌법개정 제안 당시의 대통령에 대하여는 효력이 없다.

제129조 제안된 헌법개정안은 대통령이 20일 이상의 기간 이를 공고하여야 한다.

제130조 ① 국회는 헌법개정안이 공고된 날로부터 60일 이내에 의결하여야 하며, 국회의 의결은 재적의원 3분의 2 이상의 찬성을 얻어야 한다.

② 헌법개정안은 국회가 의결한 후 30일 이내에 국민투표에 붙여 국회의원선거권자 과반수의 투표와 투표자 과반수의 찬성을 얻어야 한다.

③ 헌법개정안이 제2항의 찬성을 얻은 때에는 헌법개정은 확정되며, 대통령은 즉시 이를 공포하여야 한다.

〈헌법 제10호, 1987. 10. 29.〉

제1조 이 헌법은 1988년 2월 25일부터 시행한다. 다만, 이 헌법을 시행하기 위하여 필요한 법률의 제정·개정과 이 헌법에 의한 대통령 및 국회의원의 선거 기타 이 헌법시행에 관한 준비는 이 헌법시행 전에 할 수 있다.

제2조 ① 이 헌법에 의한 최초의 대통령선거는 이 헌법시행일 40일 전까지 실시한다.

② 이 헌법에 의한 최초의 대통령의 임기는 이 헌법시행일로부터 개시한다.

제3조 ① 이 헌법에 의한 최초의 국회의원선거는 이 헌법공포일로부터 6월 이내에 실시하며, 이 헌법에 의하여 선출된 최초의 국회의원의 임기는 국회의원선거후 이 헌법에 의한 국회의 최초의 집회일로부터 개시한다.

② 이 헌법공포 당시의 국회의원의 임기는 제1항에 의한 국회의 최초의 집회일 전일까지로 한다.

제4조 ① 이 헌법시행 당시의 공무원과 정부가 임명한 기업체의 임원은 이 헌법에

의하여 임명된 것으로 본다. 다만, 이 헌법에 의하여 선임방법이나 임명권자가 변경된 공무원과 대법원장 및 감사원장은 이 헌법에 의하여 후임자가 선임될 때까지 그 직무를 행하며, 이 경우 전임자인 공무원의 임기는 후임자가 선임되는 전일까지로 한다.

② 이 헌법시행 당시의 대법원장과 대법원판사가 아닌 법관은 제1항 단서의 규정에 불구하고 이 헌법에 의하여 임명된 것으로 본다.

③ 이 헌법 중 공무원의 임기 또는 중임제한에 관한 규정은 이 헌법에 의하여 그 공무원이 최초로 선출 또는 임명된 때로부터 적용한다.

제5조　이 헌법시행 당시의 법령과 조약은 이 헌법에 위배되지 아니하는 한 그 효력을 지속한다.

제6조　이 헌법시행 당시에 이 헌법에 의하여 새로 설치될 기관의 권한에 속하는 직무를 행하고 있는 기관은 이 헌법에 의하여 새로운 기관이 설치될 때까지 존속하며 그 직무를 행한다.

나가는 말

지금까지 대한민국 헌법 전문을 읽었다. 그런데 각 나라마다 헌법 1조 1항이 제각각 다르다는 사실을 알고 있는가? 이에 대한 자세한 내용을 영상을 통해 살펴보자.

유튜브 - EBS 클립뱅크(Clipbank) - 헌법 제 1조(Artical 1 of the Constitution) 참고

대한민국 헌법 1조 1항과 2항이 독일의 그것과 유사한 것을 알 수 있다. 그런데 독일의 이 조항을 통해 나타난 것이 바로 나치 정권이었다. 하지만 이에 대한 질문을 가진 한 사람이 있었다. 브레히트는 자신의 시 "바이마르 헌법 제2조"에서 이렇게 적었다. *국가의 권력은 국민으로부터 나온다. 그런데 나와서 어디로 가지? 그래, 도대체 어디로 가는 거지? 아무든 어딘가로 가기는 가겠지?"*

현재 대한민국 헌법 1조 1항과 유사한 독일 바이마르 헌법으로 탄생한 정권이 바로 독일의 나치 정권이었다. 독일의 바이마르 헌법은 현대 헌법의 전형으로, 우리나라의 헌법 1조 1항과 2항과 매우 유사하다.

〈살아있는 우리 헌법 이야기〉에서는 헌법에 대해 이렇게 정의한다.

"헌법이라는 이상과 제도는 시민의 힘을 배경으로 권력자를 법의 규제하에 두려는 정치 제도이다."

각 나라별 헌법 1조에 대해 살펴보자. 헌법은 모든 법의 기준이면서 동시에 근본적이고도 최상의 법이다. 그러므로 각 나라의 헌법 1조를 살펴보는 것은 각 나라가 중요하게 여기는 것이 무엇인지 알 수 있다.[6]

1) 대한민국: 국민주권주의를 강조한다.

- 대한민국은 민주공화국이다. 대한민국의 주권은 국민에게 있고, 모든 권력은 국민으로부터 나온다.

2) 미국: 자유를 중요하게 여긴다.

- 의회는 종교를 만들거나, 자유로운 종교 활동을 금지하거나, 발언의 자유를 저해하거나, 출판의 자유 평화로운 집회의 권리, 그리고 정부에 탄원할 수 있는 권리를 제한하는 어떤 법률도 만들 수 없다.

3) 북한: 자주적인 사회국가를 강조한다

- 조선민주주의 인민공화국은 전체조선인민의 리익을 대표하는 자주적인 사회주의국가이다.

4) 일본: 이왕, 국민의 총의

- 일왕은 일본국의 상징이자 일본 국민 통합의 상징, 이 지위는 주권을 지닌 일본 국민의 총의에 근거한다.

5) 중국: 사회주의 국가

- 중화인민공화국은 노동 계급이 지도하고 노동동맹을 기초로 하는 인민민주주의 독재의 사회주의 국가이다. 사회주의 제도는 중화인민공화국의 근본제도이다.

6) 프랑스: 평등국가

- 프랑스는 불가분적, 비종교적, 민주적, 사회적 공화국이다. 프랑스는 출신, 인종 또는 종교에 따른 차별없이 모든 시민이 법 앞에서 평등함을 보장한다. 프랑스는 모든 신념을 존중한다. 프랑스는 지방분권화된 조직을 갖는다. 법률은 남성과 여성이 선출직 및 그 임기 그리고 직업적, 사회적 책무에 동등하게 접근하도록 한다.

---

6   각 나라의 헌법 1조 내용 https://agibbyeongari.tistory.com/637;
     각 나라의 헌법 1조 영상 https://youtu.be/ggUKbZds6J4?si=zzYr93xARyXWtkpv

7) 영국: 마그나 카르타(Magna Carta)

 - 영국에는 성문화된 헌법이 없다. 성문의 헌법이 없는 대신, 헌법에 상응하는 마그나 카르타가 존재한다.

 - 마그나 카르타(Magna Carta 1) - 영국교회(Church of England), 자유(Freedom)

 ; 우리와 우리의 자손들은 '영국 교회는 자유로우며, 그 모든 권리는 온전히 유지되고, 그 자유 또한 불가침의 영역임'을 하나님께 맹세하고, 이 헌장을 통해 영원히 명시하였다. 또한 우리와 우리 자손들은 '왕국의 자유시민들은 명시된 자유를 누리고 그 자손들에게 물려 줄 것'을 약속하였다.

8) 스위스: 연방

 스위스 국민과 취리히, 베른, 루체른, 우리, 슈비츠, 오프발트, 니트발트, 글라루스, 추크, 프라이부르크, 졸로투른, 바젤슈타트 및 바젤란트, 샤프하우젠, 아펜첼 아우터 로덴 및 아펜첼 이너 로덴, 세이트 갈, 그리손, 아르가우, 투르가우, 티치노, 파트, 팔라이스, 뇌샤텔, 제네바 및 쥐라 주는 스위스연방을 구성한다.

9) 독일: 인간의 존엄성과 인권(Human dignity, Human right)

 인간의 존엄성은 침해되지 아니한다. 모든 국가권력은 이 존엄성을 존중하고 보호할 의무를 진다. 그러므로 독일 국민은 이 불가침, 불가양의 인권을 세계의 모든 인류공동체, 평화 및 정의의 기초로 인정한다. 다음에 열거하는 기본권은 직접 적용되는 법으로서 입법권, 행정권, 사법권을 구속한다.

고민해 봅시다

1. 1919년 9월 11일에 제정된 대한민국 임시헌법과 1948년 7월 17일에 공포된 대한민국 제헌헌법, 그리고 1987년 10월 29일, 민주화 운동으로 인해 전부 개정된 헌법의 의미에 대해서 이야기를 나눠 봅시다.

_____

_____

2. 헌법 조항 중 나에게 의미가 되었던 헌법 조항과 그 이유에 대해서 나눠 봅시다.

_____

_____

3. 내가 만약 입법하는 위치에 있다면 만들고 싶은 법은 무엇인가?

_____

_____

오디오로 듣는 헌법

12강 종교란 무엇인가?

종교란 무엇인가?

당신의 종교는 무엇인가? 오늘 수업은 "종교"에 대한 이야기다. 우선 2023년 종교인식 조사에 대한 결과를 살펴보자. 2023년 종교인구 비율은 개신교 20%, 불교 17%, 천주교 11%, 종교 없음 51%로 나타난다.[7] 다시 말하면 우리나라 인구의 반은 종교가 없는 셈이다. 그리고 개신교와 불교, 그리고 천주교의 순으로 나타난다.

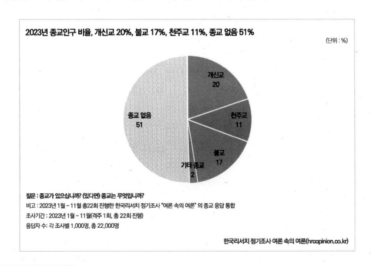

---

7 [2023 종교인식조사] 종교인구 현황과 종교 활동 https://hrcopinion.co.kr/archives/28464

통계 결과에 따르면 2018년 이후 종교별 인구의 비율은 큰 변화 없이 유지되고 있다고 한다. 특이할 점은 연령대가 낮을수록 믿는 종교가 없다는 응답이 높다는 것이다. 그런데 개신교와 불교 모두 연령대가 높아질수록 늘어나고 있다는 점은 눈여겨볼 부분이다. 대부분의 종교에서 고령층의 증가와 젊은 층의 감소가 대비되는 것을 보면 향후 10-20년 후에 종교인의 연령 분포는 조금 더 고령층의 증가와 젊은 층의 급격한 감소가 예상된다.

또한 최근 1년간 믿는 종교의 변화에 대한 조사에서 종교의 변화가 있는 사람은 8%로, 1년 전에 종교가 있었으나 현재 없다고 답한 사람이 5%, 반대로 1년 전에 종교가 없었으나 현재는 있다고 한 사람은 2%로 나타났다. 이를 종합해 보면 앞으로 종교인은 점차 감소될 것임을 추측할 수 있다. 그런데 개신교와 천주교, 불교의 종교 활동 빈도 조사 결과는 흥미롭다. 개신교 신자 중 절반 이상(54%)는 매주 종교 활동에 참여한다고 밝힌 반면, 천주교 신자는 27%로 개신교의 절반 수준이다. 불교 신자의 경우, 매주 종교 활동에 참여하는 사람은 2%로 극소수에 불과했다.

그렇다면 종교는 무엇일까? 종교는 Oxford Language에 따르면 "초자연적인 절대자의 힘에 의존하여 인간 생활의 고뇌를 해결하고 삶의 궁극적 의미를 추구하는 문화 체계를 말하는 것으로, 애니미즘이나 토테미즘과 같은 원시종교를 포함하여, 그리스도교, 불교, 이슬람교 등과 같은 세계 종교에 이르기까지 여러 형태가 있다."고 한다. 그렇다면 기독교에서 종교는 어떤 의미일까? 영어로 종교는 Religion이라고 쓴다. 그런데 이 단어는 라틴어 religio에서 온 것으로, 종교의 경전을 '다시 읽는다'라는 의미와 인간이 신의 사랑을 잊어버림으로 인해 결별된 관계를 "다시 묶는다"라는 뜻이 있다.

그렇다면 애니미즘, 토테미즘은 무엇을 말하는 것일까? 이것은 원시 사회에서 동물이나 식물, 자연물을 신성시하여 조상의 영혼을 우상화하여 숭배의 대상으로 섬기는 것을 말한다. 한국의 역사인 단군신화에서 애니미즘과 토테미즘의 신앙을 가진 제정일치의 농경사회임을 발견할 수 있다. 특히 곰과 호랑이가 사람이 되기 위해 단군을 찾아온 것은 실제 곰과 호랑이가 아니라 곰과 호랑이를 토템으로 삼았던 부족을 의미한다는 것이다. 쑥과 마늘을 먹으며 100일을 버틴 곰은 용맹을 상징하는 것으로, 인내의 의미를 담고 있는 한민족의 특성으로 볼 수 있다.[8] 이렇듯 삼신 할머니(삼신할망:제주 사투리) 역시 한민족의 신앙을 보여주는 것으로, 아기를 갖지 못하는 사람들의 신앙의 대상이다. 전설에 따르면, 삼신 할머니는 지상 최초의 인간을 창조하고 낳아 어머니 여신이자 모든 인간의 조상이 되었다고 한다.

헐리우드 스타들의 다양한 종교

기독교 : 카니예 웨스트(Kanye West)

카발라(유대교 신비주의 사상) : 마돈나, 데미무어, 에스튼 커쳐,

사이언톨로지(Scientology) : 존트라볼타, 톰 크루즈, 제니퍼 로페즈, 윌 스미스,

불교: 크리스 에반스, 리차드 기어(티벳불교)

이를 보면, 생각보다 우리가 알지 못하는 다양한 종교가 있음을 알 수 있다. 그렇다면 사이언톨로지에 대해서 알아보자. 사이언톨로지는 1954년 론 허버드가 창시한 종교다. 이 종교는 과학을 숭배하며, 과학기술을 통한 정신치료와 불교의 윤회도 믿고 있다. 현재 전 세계에 10~20만 명의 신자가 있는 것으로 추정된다. 사이언톨로지는 대부분의 나라에서 종교로 인정받지만, 프랑스와 독일에서는 집회 금지 명령을 받아 종교로 인정받지 못한다. 동아시아의 경우 일본, 중국, 그리고 대한민국에도 존재한다.

이단과 사이비에 대해서 알아보자. 이단과 사이비는 종교에 대한 대표적인 부정적인 요소로 부각되는 경우가 많다. 우선, 심슨이 사이비 종교에 빠진 내용을 다룬 영상자료를 보도록 하자.[9] 영상을 보면 이단과 사이비가 사람들의 심리를 어떻게 조종하는지 조금이나마 알 수 있다. 그렇다면 이단과 사이비의 차이는 무엇일까?

---

8 https://ko.wikipedia.org/wiki/단군_신화
9 사이비 종교 신자가 된 심슨 - https://youtu.be/tGIY9c1Diwg?si=K_mQWXi6PZAaG-_B

구분	이단	사이비
정의	정통 종교의 교리에서 벗어난 종파	거짓 종교 또는 종교를 사칭한 단체
목적	교리의 왜곡 또는 재해석	금전적 착취, 권력 추구, 구성원 통제
주체	기존 종교 내부에서 발생하는 교리적 논쟁	종교 외적인 집단이나 잘못된 신앙 체계
해악	신앙적 혼란을 일으킬 수고, 사회적 해악은 제한적임	금전적 피해, 심리적 조작, 사회적 불안 등을 초래함
요소	특정 종교 교리를 따르지만 왜곡	종교를 표방하지만 본질적으로 거짓
사례	삼위일체 부정, 특정 교리 왜곡	종말론 집단, 사교 집단, 특정 지도자

'이단'은 특정 종교의 정통 교리에서 벗어난 가르침이나 신념 체계를 말하는 것으로, 주로 기독교에서 사용된다. 그래서 '이단'이라는 표현은 종교 내에서 교리나 신학적인 기준에 따라 규정된다. 다만, 사회적 해악을 끼치지 않을 수도 있지만, 신앙적 혼란을 야기할 수 있다는 문제가 있다. 그에 비해 "사이비"는 겉으로 볼 때에는 진짜처럼 보이지만 실제로는 거짓이거나 잘못된 것이다. 이를 정리해 보면, 이단은 종교적 내부에서 발생하는 문제이고, 사이비는 외형상 종교적이지만 실제로는 비윤리적인 목적을 가진 단체로 볼 수 있다.

지금까지 종교에 대해 살펴봤다. 그렇다면 "과연 종교는 필요할까?" 이 질문에 대해 종교를 갖고 있는 사람과 무교인 사람들 사이에 분명한 차이가 발생할 것이다. 이에 대해 "알쓸신잡3 해미읍성" 편에서 과학자 김상욱의 말은 눈여겨볼 필요가 있다.

> "저는 과학자잖아요. 무신론자고요. 저는 종교라는 단어가 굉장히 크다고 생각해요. 종교는 인간이 해야 하는 가장 근본적인 합의를 갖고 있는 측면이 있습니다. '왜 인간은 돼지보다 소중한가? 왜 인간은 다른 가축들을 마음대로 죽여도 되는데, 그 권리는 누가 준 것일까?' 종교 말고는 딱히 이유를 찾기 어려워요. 과학자의 시선에 인간과 돼지는 큰 차이가 없습니다. 알든 알지 못하든 우리 문명 기반에 질문하지 않고 받아들이는 것들에 '종교'가 깃들어 있다고 봐요. 인간의 상상의 합의 같은 것에 상당 부분이 종교에 의존하고 있기 때문에 한 순간에 종교를 걷어내기는 불가능하지 않을까?"[10]

---

10 https://youtu.be/asGKOTRTobE?si=Vm5Tdo_0X0IzKCmt

과학자 한상욱은 과학과 종교가 갈등 관계가 아니라 과학의 관점에서 종교를 어떻게 바라봐야 하는지, 서로 다른 종교와 신념들 사이에서 서로에 대한 이해와 존중을 담고 있다는 점에서 눈여겨 볼 필요가 있다.

루돌프 오토는 그의 저서 "성스러움의 감각(The Idea of the Holy)"에서 종교체험을 이해하는 방법을 제시하였다. 그는 종교적인 것이 갖는 특징적인 요소인 '누멘(Numen)'의 개념을 중심으로 종교체험을 설명하다. 오토는 누멘을 경험하는 과정에서 나타나는 네 가지 주요 특성, 즉 "궁극성", "전체성", "강렬함", "행위"를 강조했는데, 이 네 가지 요소는 다음과 같다:

궁극성 (Ultimacy) : 종교체험은 궁극적인 현실이나 존재에 대한 접근을 의미한다. 이는 체험자가 신이나 절대적 존재에 대한 직접적인 경험을 통해, 일상적인 현실을 넘어서는 궁극적인 차원의 실재를 인식하게 됨을 나타낸다. 이러한 경험은 종종 신의 존재나 그 신성함을 인식하는 데 중심적인 역할을 한다.

전체성 (Wholeness) : 종교체험은 개인에게 전체적인 관점을 제공합니다. 이는 개인이 자신, 세계, 그리고 우주 전체와의 연결성을 느끼게 되는 경험을 말하는 것으로, 종교체험을 통해 체험자는 삶과 존재의 전체적인 의미와 목적에 대한 더 깊은 이해를 얻게 된다.

강렬함 (Intensity) : 종교체험은 매우 강렬한 감정적, 영적 경험을 수반한다. 이 강렬함은 경외감, 공포, 기쁨, 평화 등 다양한 형태로 나타날 수 있으며, 이러한 감정은 일상적인 경험을 훨씬 초월하는 것으로, 체험자에게 깊은 인상을 남기게 된다.

행위 (Agency) : 종교체험은 신이나 초월적 존재가 개인의 삶에 직접적으로 작용하고 있음을 느끼게 하는 경험으로, 이는 체험자가 신성한 존재의 행위나 의지를 감지하고, 그로부터 지시나 명령을 받는 것을 포함할 수 있다. 또한, 이러한 행위는 개인의 의사결정과 행동에 중대한 영향을 미치며, 종종 변화나 전환의 계기가 된다.

"국가 권력이 종교가 된 나치"

만약, 국가 권력이 종교가 된다면 어떤 일이 벌어질까? 우리는 이 비극적인 모습을 2차 세계대전 중 국가권력이 종교가 되어버린 나치의 모습에서 발견할 수 있다. 2차 세계대전을 일으킨 나치는 국가권력이 마치 종교처럼 된 형상이다. 그 중 많은 사람들에게 충격을 줬던 "아돌프 아이히만(Adolf Eichmann, 1906–1962)"에 대해서 살펴보자. 아이히만은 나치 친위대 일원으로 유대인 추방과 대학살을 위한 "최종 해결책"을 실행하는 역할을 했다. 그는 유대인을 학살하기 위해 가스실이 설치된 강제수용소로 효율적으로 옮기기 위한 철도 시스템과 물류를 관리했다. 그는 유대인 뿐 아니라 나치가 열등하다고 여긴 인종들은 물론 정치적 반대자, 동성애자 등의 대학살을 위한 계획에도 연루되었다. 하지만 전쟁이 끝난 후 아이히만은 아르헨티나로 도망가 "리카드로 클레멘트"라는 가명을 사용해 숨어 지냈다. 그러나 1960년, 이스라엘의 비밀정보기관 모사드가 아르헨티나에 그가 있다는 첩보를 입수하고 잠복을 통해 그를 체포하여 이스라엘로 데려갔다.

아이히만의 법정에서의 항변

"연속과정에서 일을 접수했고 중계 업무를 처리한 겁니다. 명령을 받고 명령에 따랐습니다. 공무원은 충성 서약을 합니다. 서약을 어기는 건 해악입니다. 이 생각은 여전합니다. 서약은 서약입니다. 격변의 전시였고, 저항해야 소용없다고 생각했습니다"

이를 목격한 한나 아렌트의 강연 중 내용

"자신이 주도한 것은 아무것도 없고, 선이든 악이든 아무 의도가 없고 명령에 복종했을 뿐이다. 이 전형적인 나치의 항변으로 거대한 악의 실체가 드러났어요. 평범한 사람이 저지른 악, 동기도 없이 행해진 악, 신념도 악의도, 이것은 사람이기를 거부한 인간의 행위였어요. 저는 이 현상을 "악의 평범성"이라 이름 붙였어요."

악의 평범성이란, 악이 비정상적이고 괴물 같은 행위자들에 의해 발생하는 것이 아니라, 평범한 사람들이 깊은 사고 없이 명령에 복종하거나 체제에 순응하는 과정에서 발생할 수 있음을 뜻한다. 아렌트는 아이히만을 관찰하며 그가 악의 화신이 아니라, 사고의 부재와

맹목적 복종으로 움직이는 평범한 관료였음을 발견했다. 아이히만은 자신의 행위를 반성하거나 도덕적으로 검토하지 않았으며, 단지 명령을 따르는 것이 자신의 직업적 의무라고 여겼다.

아이히만은 법정에서 끝까지 "명령에 따른 행동"을 변명이라고 강조했다. 하지만 법정은 그를 유죄로 판결했다. 이 재판을 지켜 본 한나 아렌트는 그의 재판을 취재하며 "악의 평범성(Banality of Evil)"이라는 개념을 제시했다.

> "나 자신과의 조용한 대화, 소크라테스, 플라톤 이래 생각이란 이런 것이었어요. "나 자신과의 조용한 대화", 아이히만인 인간성을 버리고 완전히 포기한 것은... 가장 인간적인 능력, 즉, 생각하는 능력이었어요. 이렇게 생각을 못하면 수많은 보통 사람들에게도 유례없는 크나큰 행위를 저지를 여지가 생겨요. 생각이라는 바람을 표명하는 건 지식의 돛이 아니라 옳고 그름이 아니라 말할 능력이에요. 사람들이 힘의 생각으로 파국을 막는 것이에요."
>
> (Youtube - 한나 아렌트의 악의 평범성(Banality of Evil) 중에서...

놀랍게도 아렌트는 악의 평범성에 대한 대안으로 고전 인문학이 갖고 있는 "생각의 힘"을 제시했다. '생각의 힘'은 인간의 삶에서 중요한 주제 중 하나로, 우리의 선택, 행동, 관계, 그리고 미래를 형성하는 데 영향을 미치기 때문이다. 이를 위해 데카르트의 "나는 생각한다, 고로 존재한다"의 말처럼 생각하는 행위 자체가 인간의 본질인 것과 이성적 사고를 강조한 칸트의 주장을 따라 인간이 이성과 생각의 힘을 통해 도덕적이고 합리적인 결정을 내릴 수 있도록 노력해야 할 것이다.

고민해 봅시다

1. 내가 만약 상부로부터 잘못된 명령을 받았을 때 어떤 결정을 내려야 할까?

_____

_____

_____

_____

_____

2. 잘못된 결정을 내리지 않는 지성의 힘을 키우기 위해 나는 어떤 노력을 할 수 있을까?

_____

_____

_____

_____

_____

13강 나와 너의 종말

나와 너의 종말

들어가는 말

오늘은 한 학기 마지막 시간이다. 그래서 오늘 수업은 신약성서의 마지막에 있는 요한계시록을 중심으로 '종말'에 대해 살펴보려고 한다.

종말 終末
End, Apocalypse,
Eschatology, Doomsday,
계속되어 온 일이나 현상의 마지막

종말이라는 단어를 말하면 어떤 생각이 가장 먼저 떠오를까? '종말'이라는 단어의 정의를 살펴보면 위와 같은 단어가 떠오를 것이다. 그렇다면 '종말'이라는 단어가 어떤 느낌일까? 나와는 거리가 먼 이야기처럼 들릴 것이다. 그런데 이런 질문을 들어 본적 있을 것이다.

"내일 지구가 멸망한다면?"
혹시 "Don't Look Up"이라는 영화를 본 적 있으신가? Netflix에서 개봉한 영화인데,

전형적인 블랙 코미디 영화다.
내용은 지구를 향해 돌진하는
혜성을 발견한 두 천문학자가
임박한 종말을 인류에게 경고
하려 노력하지만 그 모든 것이
허사가 된다. 결국 이들은 백악
관까지 가서 위험을 알리지만
아무런 효과도 없이 점점 위기를 향해 치닫게 된다. 영화는 지구 종말의 위기 상황에서 안
이한 대응 방식과 무책임한 지도자로 인해 결국 지구의 모든 인류가 멸망하게 되는 것을
보여주고 있다. 물론 현실과는 동떨어진 것으로 볼 수 있지만 중요한 것은 인류의 멸망 상
황이 오게 되면 어떤 일들이 일어나는지를 발견할 수 있는 영화였다.

 하지만, 만약 현실에서 이런 일이 벌어진다면 어떻게 될까? 영화에서처럼 선택받은 아
주 일부의 사람들만 살아남아 지구를 떠나 다른 행성에서 정착하며 살아갈까? 아니면 지
구는 그냥 인류와 함께 멸망해서 우주에서 인류가 없어지게 될까?

 맹신을 강요하던 교회 권력에 맞선 범신론 철학자, "스피노자"

 범신론적 철학자 스피노자는 이런 말을 했다. **"내일 지구의 종말이 온다 해도 나는 한 그
루의 사과나무를 심겠다"** 모두가 들어본 적 있는 말이지만 이 말을 범신론 철학자가 말했
다는 것을 관심 있게 보는 경우는 적은 것 같다. 범신론은 세상의 모든 것이 다 신이라고
생각하는 것이다. 그래서 지구가 멸망해도 한 그루의 사과나무를 심겠다는 그의 이야기는
희망을 이야기하는 것으로 볼 수 있지만, 또 한 편으로는 범신론적 우주관의 관점을 강력
하게 드러낸다고 볼 수 있다.

 그는 교회의 가르침에 대해 무조건 믿을 것을 강요하는 교회 권력에 맞선 범신론 철학자
다. 그래서 내일 지구의 종말이 와도 한 그루의 사과나무를 심겠다고 한 것은 스피노자의 것
이기도 하지만 일부 의견에 따르면 이미 종교개혁 시기에 회자된 것이라고 보는 관점도 있
다. 다만 스피노자가 **'모든 것 안에는 신이 깃들어 있다'**고 보는 범신론적 철학자라는 점에

주목할 때, 지구의 멸망이 오더라도 나는 그 한 그루의 사과나무로 다시 부활하겠다는 의미를 강조하는 것이라고 볼 수 있지 않을까? 이런저런 논란에도 불구하고 스피노자의 말이 아니더라도 지구의 종말에 대한 경각심을 표현하는데 이처럼 좋은 말은 없을 것 같다.

KBS 스페셜 "죽음이 삶에 답하다"[11]

어느 날 TV를 보다가 무척 놀라운 다큐멘터리를 봤다. 다큐멘터리는 "대부분의 사람은 죽음에 이르러서야 삶을 되돌아보죠"라는 다소 충격적인 멘트로 시작했다. 이 다큐멘터리는 죽음의 의미를 슬픔이 아니라 함께 나눌 수 있는 것으로 표현하려는 것 같았다.

다큐멘터리의 시작은 산소 호흡기를 달고 침대에 앉은 환자와 그를 돌보며 이동하는 의료진의 모습이었다. 그리고 그녀는 해변에 있는 사람들을 향해 '모두 사랑해요. 와 줘서 정말 고마워요'라고 말했다. 이것은 바로 환자의 소원을 들어주는 노란 꿈의 구급차 이야기였다. 이것은 신기한 TV 서프라이즈에서도 소개한 적이 있었는데, 시한부 환자들의 마지막 소원을 들어주는 그들의 이야기를 보며 많은 감동이 있었다.

시한부 삶을 살고 있는 말기 암 환자의 소원은 죽기 전에 미술관의 그림을 보는 것이었다. 그래서 이동할 수 있는 침대에 그를 눕히고 미술관으로 가서 그에게 그림을 볼 수 있도록 해주는 것이었다. 또 한 분은 식물원을 산책하는 것이 소원이었는데 침대를 이동해 식물원으로 가서 꽃향기를 맡으며 꽃을 볼 수 있도록 돕고 있었다. 그리고 말기 암으로 혼수상태에 빠지기 전에 자신이 근무했던 동물원의 기린을 보고 싶다고 말을 했나보다. 그래서 그분이 근무했던 동물원으로 갔는데 그 기린이 그를 핥아주는 모습을 보고 가슴이 찡했다.

"대부분의 사람들은 죽음에 이르러서야 자신의 삶을 되돌아봅니다"

영상의 끝부분의 멘트는 하루를 살아가는 사람들에게 많은 의미를 부여하는 것 같았다. 왜냐하면 우리는 살아있는 동안에 죽음을 고민하지 않는 경우가 많기 때문이다. 그렇게 죽음을 고민하지 않으며 살아가는 삶에 갑작스런 종말이 다가온다면 어떨까?

---

11 https://youtu.be/JcY-Hkz_ZNQ?si=f18paqnkjUwza3ye (KBS다큐, 〈죽음이 삶에 답하다〉 2018년 11월 8일 방송분)

소망의 복음서, 요한계시록

신약성서의 제일 마지막에는 "요한계시록"이 있다. 이것은 인류의 종말 이야기를 다루고 있다고 보지만 사실은 예수 그리스도의 재림으로 인해 완성될 하늘의 왕국 이야기를 다루고 있다. 누군가에게는 두려움의 책이겠지만 누군가에게는 희망의 책이라는 점은 분명하다. 그래서 요한계시록은 우리에게 절망이 아니라 새로운 소망을 담고 있기도 하다.

묵시적 종말론의 단계

평화 -> 타락 -> 회개 -> 구원

묵시적 종말론은 "평화"의 단계로 시작한다. 그러다 사람들의 "타락"이 일어나게 된다. 이런 타락한 인간의 모습들에 하나님은 진노의 재앙을 내리고, 결국 사람들은 그제야 회개한다. 그리고 그 회개로 인해 그들은 구원을 받게 된다는 구조다. 쉽게 와 닿지 않을 것이다. 그렇다면 아래의 글을 보면 쉽게 이해할 수 있을 것이다.

"개강의 평화" → "축제의 타락(?)" → "시험으로 인한 회개" → "시험 끝, 구원"

조금 엉뚱하긴 하지만 이렇게 설명하면 쉽게 이해할 수 있을 것이다. 그리고 이런 순환을 8번 반복하면 졸업이다. 젊은 학생들에게 종말이라는 단어를 어떻게 설명하면 좋을지 고민하다 찾은 답이지만 학생들은 종강 후 쉽게 이 순환을 잊는 것 같다.

종말 수업을 준비하며 여러 가지 자료를 찾다가 나바호 인디언의 격언을 하나 찾았다. 그 격언은 단순히 수업으로 끝나지 않고 제 삶의 마지막 모습이 되면 좋겠다고 생각할 정도였다.

**"네가 세상에 태어날 때 너는 울었지만 세상은 기뻐했으니
네가 죽을 때 세상은 울어도 너는 기뻐할 수 있는 그런 삶을 살아라."**

비록 인디언의 격언이라고 하지만 이처럼 살다가 죽을 수 있다면 그것만큼 의미 있는 삶은 없겠다는 생각이 들었다. 물론 다른 사람들은 그렇게 의미 있게 생각할지는 모르겠지만 말이다. 이제 수업의 끝이다. 젊음의 열정에 가득한 학생들에게 종말에 대한 강의는 먼 이야기처럼 들릴지 모르겠지만 종말은 분명히 있다.

"그럼에도 종말은 분명히 있다."

하루의 종말이 있고, 학기의 종말이 있으며, 학년의 종말, 대학생의 종말(졸업), 그리고 인생의 종말이 있음을 기억한다는 것, 그것은 참으로 쉬운 일은 아니다. 끝으로, 천상병 시인의 귀천을 소개한다.

**"나 하늘로 돌아가리라. 아름다운 이 세상 소풍 끝내는 날,
가서 아름다웠더라고 말하리라...."**

천상병 시인처럼 이 세상에 잠깐 소풍 왔다 가는 삶이라고 생각한다면 더 의미 있게 살 수 있지 않을까? 이제 두 개의 문장으로 수업을 마치고자 한다.

"한 번도 살아보지 못한 오늘", "다시 돌아오지 않는 오늘"

우리에게 주어지는 매일의 삶이 실은 한 번도 살아보지 못한 오늘이며, 그렇게 흘려버린 오늘이 다시 돌아오지 않는 오늘이라는 것을 기억해야 할 것이다.

절망은 희망을 이기지 못한다

이 사진은 필자가 〈제1회 지구인류현안 사진전〉에서 금상을 수상한 작품이다. 젊음의 청춘들이 절망의 순간을 만나게 되면 포기하지 말고 절망에 맞서 싸워보길 희망한다. 그 어떠한 절망이 엄습하더라도 순순히 받아들이지 말고 다시 일어서길 바란다. 필자는 2015년부터 수업을 들은 모든 학생의 번호를 저장했다. 그래서 그 학생들이 절망의 순간에 연락하면 언제 어디든지 달려가서 함께하겠다고 말한다. 나의 유언과 같은 비장한 멘트에 학생들이 절망을 이겨낼 수 있길 소망할 뿐이다. 그럼에도 정말 포기해야 할 순간이 오면 언제든지 나에게 연락하라고...

"절망은 희망을 이기지 못합니다. 그러므로 희망으로 이겨내시길 바랍니다."

고민해 봅시다

1. 만약 오늘이 나의 마지막 날이라면 나는 무엇을 하고 싶은가요?

_____

_____

_____

_____

2. 내일 지구가 멸망한다면 가장 하고 싶은 것은 무엇인가요?

_____

_____

_____

_____